ICEBERG
THEORY

薩提爾的對話練習

以好奇的姿態,理解你的內在冰山,探索自己,連結他人

李崇建
著

一推薦序一

雙贏

中山女中教師 **張輝誠**

台灣有不少人接觸薩提爾，學習薩提爾，我相信精熟其道的人應該不少，而且人數只會愈來愈多，各自分享出來應該也很精采，肯定可以讓更多人受益，因為我相信無論教導者或學習者，肯定都能感受到薩提爾成長模式的迷人之處。

我是因為認識崇建才認識薩提爾，因緣際會和崇建有過幾次私下互動，而體驗到薩提爾的迷人處，進而也自己深入自學薩提爾的冰山模式和家庭雕塑（此一過程於我真是受益良多），同時也隨著學思達工作坊的推廣而順道大肆宣揚薩提爾，變成學思達工作坊之後經常緊連著薩提爾工作坊，有愈來愈多緊密合作的機會。可是我始終只推薦崇建，無能推薦其他薩提爾推廣者，主因在於我只認識崇建，對其他推廣者我並不熟悉，不敢貿然推薦，至於我推薦崇建的原因，稍稍略述於下：

第一，崇建成長於破碎家庭，心理充滿許多憤怒與難以排解的情緒，成長之路困頓而艱難，但他學習薩提爾之後，逐漸改變了他的應對姿態與內在，內心回歸寬闊，平和而貞定的狀態，又因他生命的改變進而扭轉了全家的命運。換言之，他自己的生命轉變歷程，恰恰就是學習薩提爾之後效益的最好證明。

第二，崇建曾在體制外學校任教過數年，這一點很重要，讓他對台灣老師和學生都有更深的了解，也就知道師生之間的困難點和糾結處出現在哪裡，就更能透過薩提爾的智慧提供更多更有效率的察覺和應對，幫助師生解開很多纏繞的結。

第三，崇建每天都在自己的作文教室免費義務與人晤談，提供諮詢，每天大量而頻繁的對話，讓他的對話能力日漸強大。

最後，崇建擁有強大的自學能力，每天大量閱讀，自學不倦，不斷吸收各種新知，不斷增強著自我能力。再加上他悟性高，能寫能講，悟性高，讓他得以深入薩提爾幽微難言之處，體察各種靈活觸類，旁通變化的細膩關鍵，甚至可以化為文字，記錄下來，書寫，也能透過言說，演講，傳達給更多人（崇建這本新書，又是他自學，筆耕不輟的成績）。

崇建曾在工作坊問，我是怎樣看待他，看待薩提爾？我說，學思達需要薩提爾，薩提爾可能也需要學思達，我後來才慢慢察覺，學思達和薩提爾都一樣重視對話，重視成長模式，讓人永遠在知性與理性中不斷連結與進步。

崇建又說，他很好奇為什麼學思達的老師學習薩提爾的效果特別高，速度特別快？我想，應該是學思達的老師每天都在課堂上進行師生對話，刻意練習，頻繁練習，因此進展較快。換句話說，如果課堂沒有學思達，沒有師生頻繁對話，薩提爾也就失去最重要的頻繁應用與練習，效果可能就大打折扣了。

學思達加薩提爾，相輔相成，就是雙贏局面。

崇建的書，大多務實而實用，幫助很多朋友，這本書自然也不例外，崇建日進有功，他也慷慨指引來徑，讓更多人通往平靜之域。

各方好評

崇建的深度同理、獨特的創造力、內心的寧靜、細緻的好奇心、對人深刻的關懷與愛，像魔術家般地進入了與他相遇的每位主角的內心深處，照見了底層的渴望和自我，使他們在冰山的對話中破繭而出，深刻經驗了自己存在的尊貴與美好。

如崇建所說：「冰山是個寶貝，能彈奏出美麗的音樂，能疏通卡住的穴道。」當人與人之間，可以因此敞開心也柔軟起來，這不僅是人性的一種力與美的創造，也是心與心溫暖滋潤的交會。

——**成蒂**（旭立心理諮商中心兼任諮商心理師．薩提爾模式——婚姻家庭治療訓練與教學導師）

我和崇建的緣分是從他的書名《心教》開始。崇建是台灣第一人，將薩提爾的冰山理論深度應用在心教育。我是在大陸第一人，將薩提爾的冰山模式深度整合於「心教練」。東方人的心智模式，其實就是生命的受苦模式，崇建關注的正是針對人的心智模式，如何從知道到做到的轉化？所以這本書你不僅可以讀，而且能很細膩的引導你如何實踐。

——**Eva 阮槵習**（東方心教練體系創始人）

阿建老師是在愛裡工作的人，過往的生命淬鍊現在的他。在他的書中，我感受最深的是對生命的尊重，每一個對話都是對孩子們更細微的注意與關懷，我領會最多的反而是濃濃的對任何生命的愛。這本新書，與其說老師怎麼知道我們需要什麼，不如說，眾人的意志對準了老師，老師就創造這本書出來，拿來刻意練習，與讀書會中作體驗練習，是絕佳的好教材。

——**林美玲**（國立善化高中教務主任）

這些年看著阿建老師的書、聽著他的演說，在生命的深層出現了一道曙光。那道光引領著我，對先生的執著面有不一樣的見解，更放下了十八年來對母親情感的渴望。此刻心是自由的、家庭氛圍變得和諧、幸福！如同阿建老師所說的：「一個人改變，全家人也會跟著改變！」最令人感動的是，園內老師擁抱孩子次數更頻繁，也會蹲下身與孩子情感的對話。

孩子的成長需要愛、接納、價值與自由，如同一顆種子發芽需要陽光、空氣、水的養分，原來這些元素可以換來孩子燦爛的笑容。這本書有很多實例的對話，值得大家細細品味，冰山底下的自我，是生命能量駐守之處，推薦此本工具書值得父母、老師珍藏！

——**林晴美**（新北市私立康乃爾幼兒園園長）

看阿建老師現場對話，或探索事件、核對觀點、連結渴望……，總容易引發對話者情緒流露，進而跨越了舊有慣性，讓人面對問題時，能重新自由選擇。阿建老師熟稔的展現「冰山對話」，其心法脈絡巧然成章。本書呈現冰山對話脈絡及剖析，一窺猶如魔術表演的對話奧祕，以利學習者摸索與練習。

——**梁慧茵**（台中市霧峰新弘明幼兒園園長）

接觸到薩提爾模式的課程後，最喜歡的就是探索冰山這一個部分，感覺到它是探索內在的一條路徑，但當我在探索自己或是別人冰山時，總覺得常卡住，崇建老師分享冰山這本書時，有如獲至寶的感覺，書裡不僅將冰山的脈絡完整的呈現出來，並且分享了每一句話是屬於冰山的哪一個部分，對我們初學者，真是太有幫助了，期待這本書能夠讓更多的人看到自己的生命力，感恩崇建老師。

——**曾玉霖**（幼兒園輔導教練）

我承認自己很容易陷入慣性，學習薩提爾，讓我有機會覺察自己的混亂，適時的調整自己。書中提及進行對話時的三個方向：「不解決問題，而是對人的關注。」、「回溯時間，探索問題的成因。」、「詢問具體事件，在細節處提問。」以這些原則展開的對話，看似沒有解決問題，實際上，卻讓對話的雙方都感受到美好，崇建老師在書中具體的呈現幾段對話脈絡，每一段對話都可以當作一個小小的練習，愈熟練就愈能在關鍵時候充分發揮。

——**楊惠如**（寶桑國中教師）

崇建生命中行過幽暗陰谷，然，透過薩提爾課程修為與分享，讓風雨飄搖中的我們，感受前所未有的寧靜祥和。他的話語，彷彿來自另一個世界的呼喚，不僅溫暖、精準、睿智，還有被雷電觸及般的信任與愛包圍著，於是，我們開始回頭想認識真正的自我。

——**溫美玉**（南大附小教師）

—作者序—

內在寧靜的旅程

李崇建

我三十二歲那年，受程延平校長之聘到山中學校教書，這個決定，成為我生命的重要轉折。在那之前，我的人生很荒蕪，生活幾乎談不上目標，理想離我甚遙遠，工作斷斷續續接替，曾從事泥水匠、貨櫃搬運工、工廠作業員、餐廳服務生，乃至酒店少爺，甚至經歷過一段失業時光。我不僅日子過得艱難，與親人的關係糟糕，既多衝突又多疏離，且內在常感浮躁、氣悶、憤怒與無奈。

上山教書是個巧合，起因某日偶然一瞥，報紙刊登徵人啟事，動了心念前去應徵。且當時學校招聘無人，我以無教育資歷的素人，順利錄取至山中任教，現在回想也真是不可思議。山中學校幾無校規，自由得幾近放任，且教師不准責罵孩子，遇孩子不進教室、情緒衝突，或者孩子犯錯了，師生間互動成了學問，我教書一旦遇挫折，常有不如歸去念頭。

我生長於破碎的家庭，父親雖然關愛有加，亦不免責罵教訓，我因此脾氣孤僻不群，甚少參加互動或學習。只為了教師職務，我欲學習與孩子溝通，受張瑤華老師推薦，報名薩提爾模式講座，進而與張天安老師同伴，一同受教於約翰．貝曼，成了我人生的轉捩點。

約翰．貝曼熟稔冰山對話，我初探薩提爾模式，便對冰山探索驚為天人，自此埋首冰山學習。我不僅將冰山運用於自我，也運用於與孩子對話，甚至家長、同事、父母、手足，都獲致和諧的結果，尤其懂得探索且應對情緒，我的內在和諧寧靜了，甚至肩頸僵硬、偏頭痛與胸悶都不復出現，那是一個不可思議的歷程。

我深入冰山探索的學習，並且以此為基礎，涉獵不同書籍資訊，導入生活與教育現場，並且至新加坡、馬來西亞、香港、澳門與大陸講座，陸續舉辦多場工作坊，每一段時間都覺得更有所得。尤其近四年來，我認識張輝誠老師，被其教學熱情感染，將薩提爾模式帶入學思達，又受各企業家贊助推廣，影響更多現場教師，我乃覺冰山運用更深化，也有更多個人心得能分享。

我不斷講述冰山教學，至今已經十七年過去了，感受教師與父母的認真，逐年不斷增加精進的人們，想要改變自己，進而改變孩子。我透過一場場講座，以及工作坊的培訓，遇見認真的學習者，也看見不少人的改變。也許因此之故，我很想寫一本書，介紹冰山對話的運用。念頭一直懸在心上，計畫一直擱在口袋裡，遲遲未曾動筆，直至開春培訓學思達教師，內心有諸多心得感想，恰好親子天下的何琦瑜執行長提案，邀我為冰山寫一書，我才認真思索整理脈絡，更自薦隨書錄音呈現，並得親子天下大力配合，諸多編輯夥伴如好友陪伴，讓本書得以順利完成。

我自從三十多歲受程延平提攜，認識薩提爾同儕，一路遇到如此多貴人，成為今天這樣的自己，我實在是幸運的人。冰山一書的呈現，正是自己幸運旅程中，所習得最美的註腳，也感謝協助此書誕生的夥伴，以及這本書中出現的生命故事，他們給了我最多的接納，豐潤了我人生的旅途。

目錄

楔子

薩提爾的冰山模式，不僅運用來與他人溝通，
也運用在與自己溝通。
透過冰山的探索，更了解自己也了解他人，
讓人與人擁有更好的溝通，
彼此生命更有力量、更好的生活應對。

鐵達尼號，一艘巨大的郵輪，於一九一二年首航時碰撞冰山，因而沉沒於海底，死亡人數超越一千五百人，是二十世紀最大的船難。這個歷史性的船難，被導演詹姆斯．卡麥隆拍成電影，獲得票房上巨大成功。

將船難融入雋永愛情，那是說故事的能力，故事可以用各種方式說，即使故事的結局相同，不同的敘說方式，影響人各有不同，甚至相同的敘說，對每個人影響也不同，**因為每個人都是一座冰山，故事撞擊冰山帶來各種可能**。

至於鐵達尼號為何撞上冰山？專家也無定論，歷來有不少說法流傳，因為真相隨著鐵達尼號沉沒了，即使鐵達尼號船上所有人活著，也未必知道真相為何？或者該問的是，從鐵達尼號撞冰山的事件，抽出的蛛絲馬跡，歸納出來的結論，我想得到什麼結果？對我有什麼影響？

一個歷史事件，或者一齣戲劇，探究其結果，只是為了滿足好奇。

若是發生於自身的事件呢？或者親友訴說的事件？一般人會如何詮釋呢？這些詮釋是否有益？人們透過表象的事件，詮釋出什麼樣的內容？對於人生有意義、有幫助嗎？能使彼此成長嗎？

上述一連串的疑問，是本書闡述的主題，在一個表象的事件中，比如孩子總是打電腦、功課多得寫不完、兩兄弟總是吵架、你說了不該說的話、你或孩子為一件事生氣很久……該如何詮釋這些事件？對彼此造成什麼影響？詮釋之後是否感到力量？如何才能理解潛藏水面下的冰山？才不會讓彼此陷入災難的漩渦。

隱喻式的冰山

本書要介紹的溝通方式，是薩提爾的冰山模式，不僅運用來與他人溝通，也運用在與自己溝通。透過冰山的探索，更了解自己也了解他人，讓人與人擁有更好的溝通，彼此生命更有力量、更好的生活應對。

人們常從冰山一角，順著既定的思維詮釋，經年累月受苦而不覺察。透過冰山的探索，對於自己與他人重新理解，重新選擇適合的應對方式。

即使不知道鐵達尼號為何撞上冰山？但是眾人皆知道冰山結構，浮在水面上僅有一部分，絕大部分埋藏於水面下。

因此冰山是一種隱喻，我學習的薩提爾模式，亦將人隱喻為一座冰山，因此發展成一套冰山模式。若要介紹冰山模式，由簡至繁需詳盡解釋，我不一定能詮釋完整，因此在下一章詮釋冰山模式之前，先看一則大家耳熟能詳的故事。

只看到表象的危險故事

一對男女結婚了，媽媽生下小孩，卻因難產而死。爸爸傷心之餘，日子仍要過下去。所幸孩子存活了，身邊還有一條狗為伴，這隻狗兒忠心耿耿，而且善解人意。

一天，男人出門趕集，遇上大雪封路，當日無法回家。第二天雪停了，男人心裡記掛著孩子，好不容易趕回家了。

男人拖著疲憊的身軀，還未進家門呢，狗兒已經出門迎接主人。

男人趕忙將房門推開，發現屋中一片狼藉，孩子竟然不見了。男人看見屋內到處是血，孩子睡覺的床也是血。男人再回頭看狗兒，狗兒滿口也都是血！

男人一時憤怒驚恐極了，這條狗竟然咬死小主人？沒料到這狗兒會獸性大發，甚至吃了自己的孩子。

男人看見屋裡的一把斧頭，拿起斧頭朝狗劈落，狗兒立刻被劈死。男人看著手上的斧頭，看著凌亂屋裡的一切，看著倒地的狗兒，心裡也凌亂不堪。與此同時，男人聽見床下孩子的哭聲，隨後男人看見孩子爬出來。男人一把抱起小孩，看見孩子身上有血跡，但未受到任何傷害。

男人感到非常詫異，究竟是怎麼一回事呢？

男人仔細察看狗的身體，這才發現狗兒右腿被扯下一塊肉，正淌著血呢！但是他剛剛太慌亂，並沒有看見這點。

男人再次環顧屋子，發現屋子角落躺著一隻狼，那頭狼已經氣絕多時，狼嘴裡還叼著狗腿扯下的肉。男人這時拼湊出真相了，原來狗兒救了小主人，負傷仍奮力將狼擊垮。正當狗兒迎接主人返家，卻被莽撞的男人誤殺。

凌亂的屋子，狗兒滿口是血——這是冰山一角，需要仔細審視，才能一窺冰山全貌。

我以這個小故事詮釋冰山模式，不過只是最簡單的詮釋法，不能完整詮釋冰山模式為何。冰山不只是表面，而男人與狗的故事，只是在事件上著墨，但可見冰山一角的侷限。

至於冰山的隱喻，就像一座美麗的森林，男人與狗的故事，只是個簡單的詮釋，若從行為往下看，還有一個人的感受、期待、觀點、渴望，談及這些人的各層次，也都有可能只是冰山一角，比如侷限的觀點、侷限的感受……，如何能更全面的探索一個人的冰山？甚至統整一個人的冰山，那正是冰山美麗的原因，接下來的章節，我再一一說明。

遠方——
初見冰山

停頓是一種隱形力量，
有助於彼此覺知，也助於更深刻的體驗。
在我停頓的當下，那一刻全場都安靜了，
彷彿整個世界也停止了。

讀者初聽到冰山，馬上聯想到的，大概是鐵達尼號的悲劇吧，不熟悉薩提爾的讀者，可能不容易想像什麼是冰山模式。在此，我先以漸進的方式，介紹冰山的運用。

以下我列舉兩段對話，展現冰山一角如何被撬開，以更深邃、寬廣的視野看待，如何簡單運用於生活。

生活中的冰山對話

熙來攘往的市場，攤商忙著生意，人們挑選各式蔬果魚肉，乃是日常生活的一幕。現今的社會，人潮都跑到賣場、超商與網路上頭，年輕人不喜歡潮濕雜亂的市場，但是傳統市場有其韻味。

我喜歡傳統市場，偶爾去市場買菜，是一種生活中的樂趣。

一個傳統攤商吸引我，販賣銀絲糖的小攤，如今很少見了。銀絲糖甜美可口，師傅將麥芽糖切成長條，再灑上一層花生粉，我童年曾為此物著迷。

攤販前一位三歲男孩，也許嘗過銀絲糖的滋味，剛剛才見他引領企盼，歡樂開心的神情，沒想到下一秒卻哭了起來，發生什麼事了呢？

男孩手上拿著銀絲糖，放聲哇哇大哭，媽媽不懂孩子怎麼了？父母都有類似經驗，孩子的歡笑與脾氣，一瞬間就轉換了，有時候也不知道怎麼了？大人常手足無措，最後發一頓脾氣，或者置之不理，這也是日常生活的一幕。

人潮來來往往，沒有人想關心這尋常小事：**一個著急的媽媽，還有一個急哭的孩子**。

媽媽反覆問著男孩，鬧不清發生什麼事？媽媽一番好意哪！卻成了最壞的結局，那真是讓母親氣苦。安慰了一陣子，卻不見孩子平靜，一股火氣立時升上來，媽媽不耐煩的罵：「你不是說想吃嗎？現在又不要吃了，不吃就不要吃啦……」

媽媽將銀絲糖搶走了，孩子哭得有點兒急促，夾雜吼著：「我要吃！」媽媽很生氣的說：「這樣也不要！那樣也不要！你是要怎樣啦……」

攤位製糖的師傅，一邊俐落的切糖，一邊以說教的口吻，對三歲的男孩說：「弟弟要乖喔！小孩子要聽話……」

男孩哭聲更急了，氣得腳跺好幾次。

媽媽很無奈吧！在旁邊對著孩子吼：「你這麼難伺候，要是再鬧下去，媽媽就不理你了……」

我正一旁猶豫著，要不要買一份銀絲糖，回憶孩提時的甜蜜。未料遇見母子這一幕，男孩的哭泣樣貌，勾起我童年的片段記憶，來自大人不理解我，也來自我常不懂表達？我看著無奈的媽媽，送給她一個關懷的眼神，並且在男孩前方蹲下來。

我專注地看著男孩，停頓五秒左右，握著男孩的手，感覺他能接收我的關心，哭聲轉為抽抽噎噎的委屈。我緩緩地問他：「弟弟呀！你還好嗎？」

男孩被我一問，眼淚再次大量流出，但是哭聲不是憤怒，而是一股委屈。

我停頓了一下，再緩緩的問他：「你看起來很難過，也很著急，是嗎？」

男孩哭聲收斂，對著我點點頭。

我專注和諧的問：「發生什麼事啦？」

孩子指著攤商的糖，說著：「我要吃糖糖。」

我指著媽媽手上的糖：「媽媽拿的那根糖糖，你要吃嗎？」

孩子搖搖頭說：「不要！」

我有點兒明白了，緩緩的問男孩：「你想吃糖糖，但是不要吃那根糖，對嗎？」

孩子再次點點頭，表情舒緩了許多。

「這根糖糖怎麼了？你怎麼不想吃呀？」

孩子稚嫩的聲音，指著那根糖：「糖糖掉地上……髒髒。」

我站起來仔細端詳糖，看見糖霜上頭的確有一些髒汙。我和孩子核對：「糖糖掉在地上嗎？」

孩子點點頭。

媽媽一頭霧水，我也不清楚怎麼回事？切糖的師傅趕緊插話：「沒有掉在地上啦！掉在旁邊這裡啦！這裡有塑膠袋鋪著，絕對沒有弄髒……」

隨後我跟男孩核對，終於弄清楚原委。媽媽帶男孩買銀絲糖，男孩遠遠的看見了一幕：**師傅切糖時，銀絲糖不慎掉在地上，正是男孩的這根糖**。

媽媽終於搞清楚狀況，很懊惱老闆不講究衛生，也覺得老闆不夠誠實。一方面也生氣孩子，怎麼不早點說清楚？

媽媽對我很好奇，只問了幾句話而已，怎麼孩子就說清楚了？

我與男孩的問話，除了需要耐心傾聽，還有非語言訊息的肢體、語態，以及停頓，內容我羅列於後，讀者是否能歸納一個方向？

「弟弟呀！你還好嗎？」

「你看起來很難過，也很著急是嗎？」

「發生什麼事啦？」

「媽媽拿的那根糖糖，你要吃嗎？」

「你想吃糖糖，但是不要吃那根糖，對嗎？」

「這根糖糖怎麼了？你怎麼不想吃呀？」

「糖糖掉在地上嗎？」

簡單的冰山探索

我曾多次到各地，進行公開示範教學。

異地公開示範課程，面對素未謀面的學生，班級經營是大挑戰。孩子若一片沉默，教學顯然不成功；孩子若吵雜不安，教學可能也不成功；何況若遇到現場出狀況，有孩子鬧情緒，或者脫序演出，都是公開教學的地雷，而這些小插曲，考驗老師如何應對，卻也可能是最精采之處。

我的課程內涵以對話為基礎。對話是一種素養，是一種好奇與關懷，也是一種美與創造，現場與學生應對，集體討論或者個別對話，都是極美麗的交會。

二〇一五年春天，我在南京市拉薩路小學，進行一場公開教學，現場發生的小插曲，令我印象深刻。

台下四百名教師觀課，講台上除了我，還有三十三位青少年，與我一起進行一場作文教學示範。

我以故事進行教學，在故事進行中間，以對話和孩子討論。師生互動完之後，孩子必須寫作十分鐘。當孩子完成作文，我再一一分享孩子作品，以口語示範，教師如何回饋孩子？

當我朗誦孩子作文，我瞥見班上一名女學生，她將稿紙揉成一團，臉上露出不在乎神情，當眾玩弄著紙團。

我目睹這樣情況，可以選擇忽略她，因為並未影響課堂秩序。但我想對她多一點兒關心，因此決定和她對話。事後有教師回饋，他們目睹女孩的反應，見我突然蹲低身子，想看我如何接招？

我看了女孩桌前的名字，刻意蹲低身體，眼神與女孩同水平，沉穩的呼喚女孩：「可盟……怎麼啦？」

女孩聽見我的關心，突然扭過臉去，沒有回答我問題。

我停頓了十秒鐘，**停頓是一種隱形力量，有助於彼此覺知，也助於更深刻的體驗**。在我停頓的當下，那一刻全場都安靜了，彷彿整個世界也停止了，只有可盟手仍揉著稿紙。我的聲音和緩而專注，很具體的陳述：「妳將作文揉掉了，發生了什麼事呢？」

撬開冰山表面

可盟是個亮麗的女孩，聰慧、勇敢、睿智且有點兒叛逆。為何我這樣形容她？因為上課的時候，我稱讚這班的孩子們：「你們真是落落大方！發言不僅踴躍，而且活潑有創意，並且懂得守秩序。當你們的老師，實在是太幸福了。」

當時可盟舉手了，她有什麼話要說呢？我很好奇的點名她發言。

未料亮麗的可盟，發言如同小辣椒。當時可盟振振有詞的說：「李崇建老師，您覺得我們的老師幸福，可惜我們老師偏偏不覺得……」

可盟率真的發言，讓全場的教師笑翻了，我也笑得很開懷。

然而這個率真的女孩，現在怎麼了呢？剛剛還這麼爽朗大方，此刻寫了十分鐘作文，**她的內在發生了什麼？我因此思索著，也許她作文沒寫好，正在生自己的氣吧！我很想關心她。**

但可盟的神情，是一種難親近的表情，顯得一副滿不在乎，將眼神朝天花板看，仍未回答我的問題。我並未被她的表情干擾，那只是冰山的一角，我檢驗自己的內在，寧靜安穩如昔。

我再次停頓十秒鐘，緩緩與她核對，這個核對的問句，語態裡包含寧靜，這份寧靜從我心靈而來，也包含我對她的關心：「妳將作文揉掉了，是因為作文沒寫好嗎？」

我停頓不到十秒鐘，可盟微微點頭了。

可盟願意回應我了，雖然只是點頭而已。

我停頓了一下，沉穩地詢問：「阿建老師問妳一個問題……」

我在此處又停頓下來，也許停頓之故？可盟回頭看我了。

我緩緩地關心與核對：「妳在生氣嗎？」

可盟這一次回應我了，再次微微點頭。我從她點頭的姿態，看見一種複雜表情，那是一種委屈、自責的神態。

我繼續關心她，也繼續核對：「妳在生自己的氣嗎？」

可盟眼眶紅了，又微微點頭了。

這個天真的孩子，亮麗的孩子，直率的孩子，對自己要求這麼高呀？

我很緩慢、專注的對可盟說：「阿建老師再問一個問題……」

我停頓了才發問：「妳欣賞認真的孩子，還是成績好的孩子呢？」

我知道可盟不會回答，但是我知道她心裡有答案。

我停頓了幾秒，再緩緩的說：「妳跟阿建老師一樣嗎？比較欣賞認真的孩子。」

我說完自己的答案，停頓了一會兒，再接著說：「我不明白一件事，剛剛可盟認真寫作，即使可盟沒有寫好，妳怎麼會生可盟的氣呢？」

可盟聽見我的話，眼淚就這樣流出來了。我瞥見她身後的觀課教師，也有人開始拭淚，也許這句話觸動一些人了。

這一段自問自答，照著冰山的脈絡前進，可盟的思緒也被引導，脫離了她慣常思考的脈絡。

我最後對可盟說：「阿建老師邀請妳，將作文讓我朗讀，但妳是自由的，妳可以拒絕我……」

可盟流著眼淚，將揉爛的紙團攤平遞給我，允許我當眾朗讀作文。

公開示範課程之後，教師好奇的問我，可盟是個倔強的女孩，我如何能軟化她？如何能跟可盟溝通？

我與可盟的問話，除了非語言訊息的肢體、語態，以及停頓，內容我羅列於後，讀者是否能歸納一個方向？

「可盟……怎麼啦？」

「妳將作文揉掉了，發生什麼事了呢？」

「妳將作文揉掉了，是因為作文沒寫好嗎？」

「阿建老師問妳一個問題……」

「妳在生氣嗎？」

「妳在生自己的氣嗎？」

「阿建老師再問一個問題……」

「妳欣賞認真的孩子，還是成績好的孩子呢？」

「妳跟阿建老師一樣嗎？比較欣賞認真的孩子？我不明白一件事，剛剛可盟認真寫作，即使可盟沒有寫好，妳怎麼會生可盟的氣呢……」

「阿建老師邀請妳，將作文讓我朗讀，但妳是自由的，妳可以拒絕我……」

彈奏冰山的方式

藉由上述兩則例子，我介紹簡單「彈奏」冰山的方式。男孩的行為是哭鬧，不斷的說不要，但是他說不清楚。媽媽知道男孩著急，卻未「理會」他的「著急」，而是應對他的「行為」。

讀者不妨重新檢視，媽媽回應男孩的語言？都在冰山的哪一個層次？也不妨重新思索，自己會如何應對男孩？你的應對又在哪一層次？

因此若以男孩的冰山看來，媽媽一直回應的部分，是男孩冰山上層的「行為」。

我蹲下了身子，聲音專注而沉穩，說話時而停頓，有助於男孩「感受」穩定。我回應男孩的語言，從核對他的「感受」開始：著急、難過。男孩的情緒穩定了，靜下來表達「不要」。

男孩表達「不要」吃糖，這是「期待」的層次。但是媽媽問男孩時，男孩不也是說不要嗎？這有什麼差別呢？

男孩在表達「不要」時，混和著情緒、期待、觀點，但未被一一釐清，表現於行為就是哭鬧。但是當我回應「感受」時，男孩比較冷靜的表達「期待」，因此我進一步在期待上釐清。

男孩靜下來了，也被傾聽了之後，也就能清楚說明「期待」：他不要吃髒了的銀絲糖。這句話的背後，帶著一個「觀點」：髒了的銀絲糖不能吃。

因此可以很簡明的看出我的對話脈絡，像是在彈奏一把吉他的弦，順著弦彈奏著簡單的樂譜。

「弟弟呀！你還好嗎？」（**關心與探索**）。

「你看起來很難過，也很著急是嗎？」（**感受**）。

「發生什麼事啦？」（**事件**）。

「媽媽拿的那根糖糖，你要吃嗎？」（**期待**）。

「你想吃糖糖，但是不要吃那根糖，對嗎？」（**期待**）。

「這根糖糖怎麼了？你怎麼不想吃呀？」（**觀點、期待**）。

「糖糖掉在地上嗎？」（**事件、期待**）。

我與可盟的對話，基本上是我在說話，由此更可以清晰看見，我問話的冰山各層次：可盟從不說話，到點頭回應，進而紅了眼眶，流下了眼淚，最後拿作文給我。

「可盟，怎麼啦？」（**關心與探索**）。

「妳將作文揉掉了，發生什麼事了呢？」（**事件**）。

「妳將作文揉掉了，是因為作文沒寫好嗎？」（**期待、觀點**）。

「阿建老師問妳一個問題…」（**探索**）。

「妳在生氣嗎？」（**感受**）。

「妳在生自己的氣嗎？」（**感受**）。

「阿建老師再問一個問題……」（**探索**）。

「妳欣賞認真的孩子，還是成績好的孩子呢？」（**觀點**）。

「妳跟阿建老師一樣嗎？比較欣賞認真的孩子？」（**觀點**）。

「我不明白一件事，剛剛可盟認真寫作，即使可盟沒有寫好，妳怎麼會生可盟的氣呢……」（**觀點、渴望**）。

「阿建老師邀請妳，將作文讓我朗讀……但妳是自由的，妳可以拒絕我……」（渴望）。

這兩個簡單的對話，在冰山的各層次「敲了敲」，有助於我們了解對方，也有助於他人了解自己，不僅像彈奏音樂，也像是在敲擊穴道。冰山是個寶貝，能彈奏出美麗的音樂，能疏通了卡住的穴道。

冰山可以如此簡單，當孩子出現某個行為，或者說出某個事件，對話的人可以詢問「行為」、「感受」、「觀點」、「期待」、「渴望」，看出孩子的「應對姿態」。

但是音符的彈奏，並非只有 do、re、mi、fa、sol、la、si 順著彈下去，那是初學者的彈法，還可以彈出更繁複的曲目，在接下來的章節，我再仔細說明。

水平面下——

冰山模式的基礎

人就像一座冰山，
能被人看見的，只是表面很少的一部分——
行為、事件或者故事，亦即水平面以上的部分，
但更大一部分，卻藏在更深層次，那是人的內在。

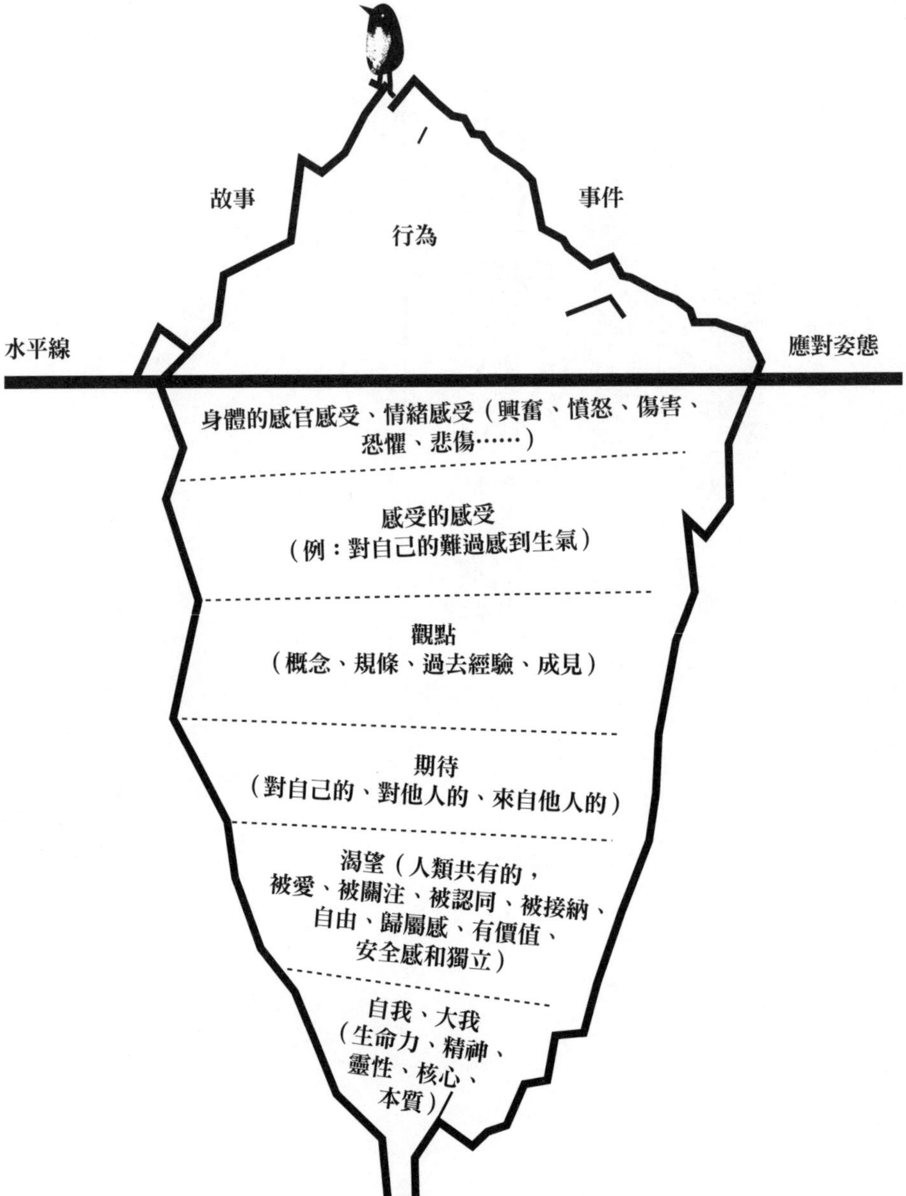
故事
行為
事件
水平線
應對姿態
身體的感官感受、情緒感受（興奮、憤怒、傷害、恐懼、悲傷……）
感受的感受
（例：對自己的難過感到生氣）
觀點
（概念、規條、過去經驗、成見）
期待
（對自己的、對他人的、來自他人的）
渴望（人類共有的，被愛、被關注、被認同、被接納、自由、歸屬感、有價值、安全感和獨立）
自我、大我
（生命力、精神、靈性、核心、本質）

維吉尼亞．薩提爾女士，二十世紀最有影響力的心理學大師之一，被譽為家族治療的哥倫布，一九七二年她出版《家庭如何塑造人》（*People Making*）一書，提過「冰山」一詞。薩提爾的學生約翰．貝曼博士，根據對薩提爾女士的觀察，發現薩提爾女士的「對話」，非常有穿透力且具啟發性，因此貝曼根據薩提爾對話脈絡，歸納並發展了冰山模式，此模式運用於與他人溝通，也運用於釐清自己。

很多學習冰山的人，紛紛讚嘆冰山的奧妙。

冰山只是一張圖，怎麼會有這麼強大的力量？冰山就如同吉他的弦，一把吉他只有六根弦，冰山還比吉他更多一點兒。透過吉他的六根弦，能彈奏出美妙的琴音，只要你練好基礎指法，便能彈奏屬於自己的音樂，冰山也是如此美妙，而每個人都有彈奏的指法，彈出不同的節奏與韻律。

冰山的層次

冰山模式是什麼呢？

如同上一章所述，冰山理論是一個隱喻，人就像一座冰山，能被人看見的，只是表面很少的一部分——行為、事件或者故事。亦即水平面以上的部分，水平面的那一條線，指的是人應對的模式，亦稱為「求生存的姿態」。

而人更大一部分，卻藏在更深層次，那是人的內在。人並看不見內在，恰如一座冰山，只有七分之一露出水面，另外的七分之六藏在水面下，分別是：感受、感受的感受、觀點、期待、渴望、自我。

一、行為（事件、故事內容）

當你看見一個人，最先看見的是「行為」，聽見那人說的「事件」。而冰山下層的內容，並不為一般人知悉。人們透過一個人的「行為」，或者人對事件的「敘說」，來「推測」或「了解」一個人。

比如孩子破壞了東西、說了一段故事、顯現在外的動作、一個人的表情，甚至是狗兒滿嘴是血，都屬於冰山上層。

二、應對姿態

冰山圖上有一條游走於水平面的線，那是人為了求生存，應對環境而發展的生存姿態。在冰山與水平面交界處，「生存姿態」像是身體的姿勢，又像是一個立場或是所處的位置，或是一個保護自己的姿態。

薩提爾提出有四種基本應對姿態，應對姿態是怎麼學來的呢？

人們最原初的關係，就是與家人展開互動，因此關係的功課，是從家庭裡學習應對而來。大部分的人所謂的「溝通」，並不是與人連結，而是自保居多，人們從小即知道如何保護自己。

以下是四種「溝通姿態」，但是目的並非與人連結，而是自保。

I、指責

指責的應對姿態，是為了求生存，保護自己的姿態。在與人應對時，在乎自己，在乎情境，忽略他人。總是用否定、命令來溝通，並不是表達自己。

II、討好

討好的應對姿態，是為了求生存，保護自己的姿態。

在與人應對時，忽略自己，在乎情境，在乎他人。

為了得到父母的愛，得到他人的認同，總是唯唯諾諾，以「好」、「答應」來溝通，並不是表達自己，因為討好者擔心，一旦表達自己，就得不到他人重視、愛與價值。

Ⅲ、超理智

超理智的應對姿態，是為了求生存，保護自己的姿態。

在與人應對時，忽略自己，在乎情境，忽略他人。

為了得到被認同，溝通時總是爭辯、說理認為自己是對的，並不是表達自己。

Ⅳ、打岔

打岔的應對姿態，是為了求生存，保護自己的姿態。
在與人應對時，忽略自己，忽略情境，忽略他人。
為了面對壓力，溝通時不表達自己，而是用不溝通來溝通。

薩提爾模式的四種應對姿態，不僅顯現在語言訊息裡，在非語言訊息裡的身體姿勢、聲音語態，都顯現應對的姿態。一般人不易覺察自己的姿態，也不易承認自己的應對姿態。當一個人有心改變，在非語言訊息與語言訊息中，姿態被覺察了之後，會更深的認識自己。

在親子教養的關係，父母若覺察自己的姿態，對孩子的教養將帶來和諧，將帶來成長的模式。

那什麼樣的姿態比較健康呢？一般而言，自己能覺察姿態，並願意為自己負責，那就是初步的功課了。比如知道自己在指責，但你就是要指責，並且願意為指責的後果負責，這樣是沒問題的。但是在教養過程中，教養者即使知道自己的姿態，也擺明要用這樣的姿態，那樣的姿態並沒有美好的結果。

在薩提爾模式中，一致性的姿態，是最健康的姿態。

一致性

一致性的姿態，內在和諧寧靜，外表專注放鬆。
在與人應對時，在乎自己，在乎情境，在乎他人。
溝通時懂得表達自己。

一致性最簡單的理解，就是內外一致。如果心裡有某種感覺、想法與期待，那就為自己負責的表達。這看似簡單，但是並不容易，因為很多人不清楚自己的感受、想法與期待，或者知道自己的感覺、想法與期待，卻不一定懂得表達，或者可能以表達出來，卻不是以負責的態度表達，而是以控制者、受害者的方式表達，那就不是一致了。

但必須認知的是，「一致是個選擇，不是個規則。」人可以選擇任何姿態，但是人必須為自己負責。

三、感受

應對姿態的水平線下，第一個區塊是感受。

I、身體的感受

感受是什麼呢？身體的感受：痛、放鬆、緊、冷、熱、酸、雞皮疙瘩……

還有更細微的臟器感受：胃、脾、肺、腸、肝……

在應對姿態的介紹，四種應對姿態都「不表達自己」。可能很多人困惑，什麼是「不表達自己」？

舉例而言，一個孩子跌倒了，他感到很痛，但父母如何應對呢？如果父母拒絕孩子「痛」，否認孩子「痛」，比如父母說：「那樣怎麼會痛？」、「那樣就痛了喔！一點都不勇敢。」

父母若這樣回應，一部分的孩子長大以後，不懂得表達自己「痛」，甚至不感覺自己「痛」。

那正是不懂表達自己。明明很痛卻說不痛，那是父母早年的聲音，已經取代了「自己」的聲音。也可能「自己」感受不到痛，因為父母的教訓，取代了「感受」，因為不被允許「痛」的感受。

我再舉一個例子，一天我去演講，當天氣溫稍降下來，高鐵站內一位媽媽，喚著年約五歲的小女孩，要女孩過來穿衣服，但女孩不願意穿外套。

媽媽放高音量，向女孩解釋為何穿衣：「氣溫下降了，過來穿衣服才不冷。」

女孩回應著：「可是我不冷。」

媽媽很著急的說：「這麼冷還說不冷，趕快過來，妳再不聽話，媽媽不愛妳了……」

女孩委屈著流淚，被媽媽穿上衣服。

女孩可以擁有自己的感受嗎？還是「應該」擁有感受呢？

身體的感受還包括：心跳、胃收縮、背部僵硬、脖子很緊、肌肉緊張……，你能敏銳的覺察身體的感受嗎？甚至是更細微的內臟各器官感受？

Ⅱ、心裡的感受

最直接的心裡感受就是各種情緒。人能自由感受情緒嗎？承認自己的情緒、允許與接納自己的情緒？很多人內在有情緒，但是自己都不知道呢！為什麼呢？因為人們被教導忽略情緒。

一個生氣的孩子，你會跟他說什麼呢？最常聽見父母說：「不要生氣。」這個孩子長大後，極可能成為這一類人：跟人爭辯時很激動，人們跟他說：

「不要那麼生氣！」他會更大聲的說：「我沒有生氣，我只是說話比較大聲！」

他可能不知道自己正在生氣，也不能承認生氣，因為從小被教導不能生氣，他連自己的感受，可能都不知道哪！

一個難過的孩子，你會跟他說什麼呢？或者難過是否有「應該」？

一位孩子向我分享親人過世的心情，我問她難過嗎？她點點頭說：「難過。」

我繼續問她：「有流眼淚嗎？」女孩搖搖頭說：「沒有。」

我好奇問了一下原因，她難過而未流淚？女孩竟然回答我：「其實我沒有很難過，我只是覺得自己應該難過……」

人的情緒有：焦慮、不安、悶悶的、煩躁、興奮、愉快、舒服、生氣、害怕、沮喪、悲傷、愧疚……

不妨問問自己，你了解自己當下的感受嗎？

四、感受的感受

對於身心的「感受」，會產生對「感受」的「評價」，對於原本的感受，有了另一層次的感受，這就是「感受的感受」，若能覺察這一層次的感受，便能覺察長久以來對待自己的方式。

比如某人去參加好友喪禮，在告別式上收到一則簡訊，那則簡訊是家人的通知，通知某人中了樂透頭彩。某人收到簡訊，感到非常的興奮，但是他隨即意識到自己正在參加喪禮，怎麼可以感到興奮呢？因此對興奮的感覺，產生了愧疚感。「興奮」是感受，因為對「興奮」的評價，而有了「愧疚」感，則是感受的感受。

人們常在生氣之後，衍生生氣、愧疚、沮喪，這都是感受的感受。

五、觀點（想法、信念、家庭規條）

遇到一個事件，人會有觀點。觀點是什麼呢？是思想、看法、信念、成見、假設、規條、過去的經驗所形成。

比如哪一黨派較好？反同志好、還是挺同志好？挺死刑好、還是廢死刑好？這些議題背後，都有個人的觀點。但是觀點怎麼來的呢？這個觀點適合我嗎？真是我願意堅持的嗎？

比如爸媽的政治思維傾向某黨，孩子大部分會傾向某黨，少部分為了反叛，傾向另一黨派。爸媽從小設立的規條，孩子長大以後維持規條，或者故意叛逆規條。過去曾經有成功、失敗的經驗，因此總結起來成為固定觀點。

比如我就是討厭「某種人」，「某種人」可能是某種外貌、表情、行為、言論，對於「某種人」的觀點怎麼來的呢？可能只是停留在「我就是不喜歡」，「某種人本來……」這樣的思維裡，而這樣的觀點可能影響自己，讓自己不能寧靜，或者讓自己侷限了。

如果人們願意探索「觀點」，探索習慣性的想法，便可以清楚知道自己觀點由來，更進一步能澄清自己觀點，是否要繼續保有這些觀點？

觀點除了自己對他人，他人對自己觀點的影響，還有自己對自己的觀點。比如過去父母對我的評價，也許形成了我對自己的觀點，我也常用這樣的觀點去評價別人、臆測他人。

然而一般人很少真正釐清。比如本篇的女孩「可盟」，她學到的觀點是：「認真」比「成績」重要。**但是她從小接收的觀點，可能是：「成績」比「認真」重要，因此控制她內在的觀點，其實是從小接收的觀點，讓她產生對自己隱藏的觀點，而有了回應世界的方式**。

當探索了觀點之後，也許發現長期信奉為真理的信念，可能是來自原生家庭中的規條。探索之後重新決定自己適合的觀點，我發現可以有別的想法，於是增加了新的自由與選擇。

六、期待

每個人都有很多期待，比如對自己的期待、對他人的期待：中午想吃陽春麵、上理想的學校、爸媽身體健康、自己平安順利、孩子品格發展好等。

人也要面臨他人的期待，爸媽期待自己成材、老師期待自己功課好、夫妻期待自己養家等。

人們每天都面臨期待失落，比如小到跌倒、意外、店關門了，大到父母過世、小孩調皮搗蛋、婚姻不美滿……。

人們會因為期待落空，而感到失落、哀傷、生氣、無奈……。

有些未滿足的期待，在生命當中默默影響自己，但是自己並不覺知。當人們發現過去「未完成的期待」，那就像未了的情結困擾著，扭曲或影響著對事情的看法、感受，甚至渴望。

對於某些不合理、不實際的期待，我是否可以覺知？我是否可以重新選擇？比如父母對我的期望，我們常內化這些期望，就算父母早已過世了，我們還是很努力，試圖要滿足父母對我們的期望，那就會影響著人的生命。又比如我對別人的期望。假設童年很希望得到媽媽的愛，但是一直得不到這份愛，卻因為這個期待失落了，而衍生出很多未被覺知的後果。比如我對自己的期望，我期望自己能孝順父母，但是我一直很叛逆，未料父母過世了，這個期望永遠無法滿足，因此我一直痛苦著。

未滿足的期望，深埋於人的內在，有時主宰人的應對，讓人生活被影響，甚至感到痛苦，但人們不一定覺知，也可能未曾真正面對。

七、渴望

渴望是全人類共有的部分，是人類生長的基本條件，就像水、空氣與養分，對於生物的意義。

人類的渴望是什麼呢？渴望被愛、被接納、生命有意義、有價值、自由。當人觸及這些渴望，感受到自己被愛、被接納、有價值、有意義、自由，會有一種深刻的感覺。

一顆種子發芽，需要氧氣、水、陽光與養分，若是沒有這些元素，一顆種子不會發芽，而會沉睡於泥土裡，等待這些元素到來。

一個人能成長，需要愛、接納、意義、價值與自由，如同種子發芽的元素，若沒有這些元素，一個人不會誕生與成長。人從精子與卵子結合那一刻，孕育在母體十個月，就是一種愛與接納。嬰兒從呱呱落地開始，被哺育、照顧、扶助，本身就有了價值與意義。在成長的過程中，學會了如何選擇？為自己負責？就是一種自由。這些都是生命的元素，因為生命不會無故誕生，也無法不依靠這些元素，正如同一顆種子發芽，需要氧氣、水、陽光與養分。

但是人們擁有這些元素，卻不一定能「體驗」這些元素，「體驗」的簡易解釋就是「有感覺」。人在成長過程遇到磨難，比如曾被虐待、控制、忽視、遺棄，或者傷害，因此體驗不到愛，往往想要愛卻又害怕愛，也體驗不到自己的價值，無法接納這樣的自己。

在生活中環境常有傷害，有些父母常將「期待」與「渴望」混淆，當孩子達不到父母期待，言行之中常讓孩子無法連結渴望：感受不到「愛」，感受不到自己的「價值」，感受不到「被接納」，感受不到自己「自由」，感受不到身為人的意義。

當孩子不滿足父母期待，父母常上演一齣內心戲：我當父母很失敗，很沒有價值、我不接納自己的挫敗、我這個父母很沒意義。因為父母無法連結自己的渴望，那麼回應給孩子的語言，往往也無法連結孩子的渴望。

有時候父母無心的玩笑，比如過去父母跟孩子說：「你是垃圾桶撿來的。」、「早知道我不讓你出生。」、「早知道就不生你了。」這些語言都在孩子心中，隱隱然有一個聲音：我沒有價值。因而無法連結渴望。

人常忽略自己的渴望，長久沒有價值感、沒有自由的感覺、沒有意義感、不被自己與他人接納，甚至沒有被愛的感覺。人如果能體驗到「渴望」，那麼人就能體驗生命力，也能與自己深層理解與連結，這也是薩提爾女士說的「第三度誕生」。

八、自我

冰山最底部的「自我」，薩提爾稱之為「生命力」，也有人稱為「靈魂」、「靈性」，是生命能量駐守之處。我的老師貝曼解釋，「自我」並非在表象的行為、成就，或是公眾面前的形象，而是在最底層的力量，人們在這層次感覺自己的完整。

貝曼據此解釋一致性有三個層次：

第一層是接觸自己的感受、承認自己的感受、管理自己的感受，對超理智的人而言這很困難。對超理智的人而言，在感受上一致，是很大的任務（案：不止是超理智，打岔亦是如此。）

第二層次更為重要，就是與自我一致。不只是停留與感受一致，而能進入更深一層次，與自我和諧一致。你會更發揮功能、更滿足、更感覺自己是整體的。

第三個層次，是與靈性的連結，亦即與自我連結。

貝曼解釋一致性的三個層次，第二與第三個層次都與「自我」有關，可見與自我的連結，是達成一致性的重要關鍵，也是一種深層能量的連結。

上述冰山的介紹，並不容易理解，因為冰山牽涉到體驗性，而不只是一個概念而已，且每個層次相連結，比如從事件進入感受，再從感受進入應對姿態，從應對姿態進入感受，從感受進入期待……，這些千變萬化的路徑，會讓人看到不同的風景，而最後的目的地都是「渴望」與「自我」。

這些不同的風景，以及路徑的區別，我將在隨後的篇章中陸續介紹。

靠近——
覺察身體與情緒的記憶

冰山的探索正是幫助自己與他人，
覺知與重新接觸自己，並且重新為自己做決定，為自己負起責任，
不是當一個受害者，而是成為一個自由的人。

冰山是對一個人的隱喻，水平面以上的是行為、事件。水平面以下看不見的層面，那些不曾被聚焦，不曾被注意探索的部分，潛藏著巨大的寶藏、祕密，有待我們耐心釐清。

比如外面發出一連串巨響，有的孩子縮在角落，顫抖著哭泣了；有的孩子興奮著，靠近窗戶要一探究竟。

孩子的反應不同，那是冰山的表層，要了解孩子的反應，要進入水面下的冰山，才能對孩子有所了解。

縮在角落的孩子，感受是害怕，覺得有東西爆炸了；一探究竟的孩子，感受是興奮，認為是慶典施放煙火。為何有的孩子感受是害怕？有的孩子是興奮呢？

身體和情緒的記憶

若潛入水面下探究，發現他們曾有不同的經驗，創造了身體與情緒的反應。知道原因就有了接納，也有可能改變孩子的狀態，但一般人探究原因，不懂得潛入水面下探詢，也許一味的問「為什麼？」，殊不知人為了存活下來，更多時候選擇遺忘，需要潛入表象的水面下，敲擊一下關鍵密碼才記得。

在生活裡面，這樣的狀況比比皆是。

看看人們的反應吧！有的人一稍微受刺激，就勃然大怒；有人被小小的拒絕，就深深遭受打擊。以往常聽人將這些反應，歸類為一個人的「個性」，彷彿個性是與生俱來。然而「個性」天生只是一小部分，因為基因是與生俱來的，創造了每個人的獨特，但是在腦神經科學日益發達的今日，逐漸明白童年如何被對待？影響大腦的發展，產生不同的回應，這是「個性」形成的重要部分。

成長過程中的事件，有些記憶被大腦遺忘了，但是身體與情緒卻記憶下來，科學家透過電腦掃描，看見人類進行活動，或者遭遇某個事件，抑或者回想起某個記憶，大腦處理記憶、身體感覺與情緒，因而身體與行為會有所回應，這些回應並非由理性控制。

尤其是遭受過創傷的人，一旦接觸跟自己特定經驗，或者類似經驗有關的情境，大腦與身體都會有所反應。這些非理性的表現，人們常以理性回饋，往往陷入爭辯、解釋、指責、討好與忽略，往往無助於彼此成長，更無助於問題的解決。

從「聽話」到「對話」

比如我寫此文時，收到一位媽媽來信，寫了一段紀錄：「前天妹妹過生日，哥哥表現很溫柔，特別走進房間，為妹妹彈奏一首鋼琴，幫妹妹祝福慶生，沒想到事情發生了。哥哥彈奏完鋼琴，步出房間之後，發現妹妹在吃冰淇淋，哥哥問：『為什麼妹妹有冰淇淋，我沒有冰淇淋？』爸爸有點冷淡，也有點兒不耐煩的說：『冰淇淋只有一個，是妹妹想要吃的。』哥哥聞言後憤怒爆炸了，將身邊所有的東西砸爛，只要能拿在手上的，書本、盤子、椅子、刀叉、蛋糕……，全都砸爛在地上。等到哥哥冷靜下來之後，他又特別理性的說：『誰叫你們只買給妹妹吃！』我真不知道該怎麼辦才好？」

哥哥為何有這樣反應呢？多半來自家庭系統應對，可能過去父母壓制孩子情緒，忽略孩子的感受，只會跟孩子理性的說理，或者對孩子諸多要求。但是父母並不了解，兒子的應對從自己而來，從表面上來觀察，只看見兒子的狀態不當。兒子在父母應對下，也不知道自己發生了什麼？雖然知道自己不應該，但是不知道自己怎麼了？只是學會解釋而已。

但教育工作者，甚難跟父母說明，孩子的反應大部分與家庭應對有關。因為一旦詢問父母教養應對狀況，想要給予指導或解答？父母會陷入哀傷與愧疚、憤怒與指責、爭辯與推卸，無助於家長覺察改變，因為家長也從聽話系統成長，衍生了一套應對的方式，家長也會感到受傷，需要被理解與接納。這些現實呈現狀況，常讓教育工作者感到無措，不知道該如何是好。

這樣的場景隨處可見，在職場與生活中，甚多人無法意識，自己正重演過往應對的反彈，以生氣、害怕、逃避或暴怒應對：都是你害我遲到了、誰叫你不早一點出門、就是你把東西放在這兒，害我跌倒了。他們不是不理性，而是理性無法出現，他們往往很無助，等到情緒風暴過去了，他們遷怒某件事，或者遷怒某個人，抑或者深陷愧疚、自責之中，完全無助於解決問題。

時代已經改變了，從過去威權的年代，逐漸解放出來，那意味著教育環境，已經不是過去「聽話」的年代，而要進入「對話」的系統，但是人們不懂如何對話？這需要整個環境逐漸改變，改變成不是以聽從、叛逆、爭辯、忽略去應對問題，而是真誠的交流溝通。

在與他人溝通交流時，也需要對自己探索，才能和諧一致的了解自己，進而真正的表達自己。但我們的教養模式，從無教導人們探索自我，去探索自己的經驗、觀點、感受的原點，從何而來、如何而來？

因此過去應對孩子狀況，多半是說教、指責，想要解決問題，**從來不是了解問題的成因，只是想要解決問題，而問題甚少得到解決。而大人的解決之道，也多半停留在幾種慣性迴圈，不易真正得到解決**。

土耳其有一則傳說，有位仁兄問智者那斯魯丁：「為什麼門都推不開？我已經推了很長一段時間了。」

那斯魯丁問那位仁兄：「門上有寫字嗎？」

那位仁兄回答：「有！寫著『拉』。」

那斯魯丁回答：「那你為何一直推呢？」

我認為目前教育的處境，甚多人都在重複無效的方式，或者明知已經無效的方式，卻未停頓靜心下來，找到問題的成因，真正面對問題，正如同那位仁兄不斷推門。

我常遇到孩子沉迷網路、拒絕或恐懼上學、關起門來不想溝通、不專注、割腕，甚至叛逆逃家等各種偏差行為。當父母來詢問時，我都探索問題成因，讓父母有覺知，覺知自己的應對，也讓孩子體驗自己，學會為自己人生負責，我使用的對話脈絡就是「冰山」。

人類痛苦的一個源頭，是自己對自己的謊言。但這個謊言大多不是故意的，是為了生存而發展，在過往的負面經驗中，由我們的心智創造出來。

人類的思維、感官在一個慣性裡運作，很難真實接觸「自己」，冰山的探索正是幫助自己與他人，覺知與重新接觸自己，並且重新為自己做決定，為自己負起責任，不是當一個受害者，而是成為一個自由的人。

負面童年經驗

時代一直不斷的更新，來到二十一世紀加速的年代，ＡＩ人工智慧的運用，大數據的運算，網路的便捷成為主體，權威不斷地解構，人的關係也有不同面貌，世界遭遇巨大的變動。舊年代盛行的是權威式教養，或者恩威並施的教養，教養的方式以「聽話」為主軸，以「控制」作為目的，針對的是「問題」如何解決，而非對「人」真心的關懷。教養者想要解決問題，以權威說理、命令、給答案與責罵的方式，很容易創造出二元對立的關係，也容易讓孩子內在受傷，但這個傷害表面上看不出來，如冰山大部分潛藏在水面下。

近年來腦神經科學以及心理學的發展，對於「負面童年經驗」更多研究（Adverse Childhood Experience，簡稱ACE研究），讓人們了解創傷對於人的影響，大眾有了清晰的理解，有一個科學的根據，檢討過去的教養模式。

什麼是「負面童年經驗」？

一九九八年 Dr. Vincent Felitti 醫師，發表一篇著名的ACE研究，針對一萬七千五百位成年人研究，受訪者主要是白人、擁有大學學歷，擁有良好職業。Felitti 醫師設計一份問卷，詢問了十種童年逆境，比如肢體虐待、性虐待、情緒虐待、疏忽、家暴、家庭酒癮問題……等等，發生地點大都在家裡，或者與家人之間的相處。研究結果顯示，經歷愈多童年創傷的人，在成年有更高的身心健康問題，成長期間也出現學習或行為問題。當ACE指數為四以上，孩童出現學習與行為問題達百分之五十一。

每一種創傷的ACE指數就是一，比如父母離婚、被父母毆打、長期語言咒罵。從ACE的研究發現，受創經驗影響孩子大腦的發展，受創傷指的不僅是肢體虐待，其他如家長對孩子的疏忽、對孩子的身心需求沒有回應，或是家長不斷指責貶低嘲笑孩子、讓孩子覺得沒有價值。惡劣或變動的環境，會影響嬰兒與孩子的腦部與身體，影響孩子調節思考與感受，杏仁核不斷偵測威脅，大腦需要釋放壓力賀爾蒙，來應對可能的危急狀態，這樣的壓力就稱為「毒性壓力」（Toxic Stress）。孩童面對早期的慢性壓力，會無法調整並適當應對，成長過程中遭遇小小挫敗，有可能如同天崩地裂，從小小衝突演變成嚴重爭端。這些壓力反應系統的高度敏感，易讓這類孩子在學校分心、吵鬧、頂嘴、搗亂、生事，並且可能對老師與大人的關切抗拒。

放棄權威教養，重新理解孩子

從ACE的資訊中，不難理解為何偏鄉、失能家庭、隔代教養家庭的孩童，容易產生特別多的問題學生？尤其是嬰兒時期的大腦，所經歷的遭遇，會成為情緒與覺知的一部分。

傳統的教養模式，對孩子的打、罵、忽視情緒、忽略孩子；都可能對孩子造成創傷。但是父母、教師並不覺知自己的應對，如何影響孩子發展？我最常提出的檢驗是：當孩子失敗了、犯錯了、不符合期待了，大人應對的言行為何？這樣的言行，孩子接收了以後，會有什麼感覺？什麼觀點？什麼期待？什麼渴望？就能看見孩子冰山如何編碼？

薩提爾女士在演講中指出：「對於孩子來說，父母對他們的生存，是具有重要意義的人。對於正在成長的嬰兒來說，當他們學習自己的藍圖時，父母是他們的榜樣。這個藍圖源自於孩子對概念的「標註」（他對事情、人及觀點的稱呼），同時源自於他對命名的解釋。我將這個過程稱之為「編碼」。兒童不斷學習對自己和他人，對內在世界進行標註和編碼。」

如何看待人內在的編碼呢？除了對於人事物的觀點，最容易檢測的是情緒。比如發生一件事了，別人不一定受傷，而你受傷了；別人不一定生氣，而你生氣了；別人不一定狂暴回應，而你狂暴回應了；別人不一定逃避，而你逃避了；別人不一定害怕，而你害怕了……，這些感受非關對與錯，可能每個人出生的氣質不同，也可能成長背景不一樣。若是成長背景的影響，在人的關係互動中，學習生存的一種方式，可視為一種編碼系統。

過去權威模式的教養，因為舊時代的運作模式，都在一定的軌道上頭，因此即使有問題，也被隱藏不覺知，難以顯現出根源問題。如今是資訊的年代，舊權威逐漸瓦解了，父母、教師的教養模式需要改變，若是因循舊時代的教養：辱罵孩子、責打孩子、嚴厲教訓孩子、忽視孩子的情緒、忽視孩子的需求，可能都為孩子帶來創傷。在心理學的研究中顯示：被忽略或長期辱罵的孩子，比較容易缺乏自尊；被殘酷對待的孩子，內在常有積壓已久的憤怒，需要用巨大能量來控制；早年受到遺棄與剝奪，成長後常將他人的舉動視為針對自己，也不易發展出同理心；不允許有自己意見的孩子，往往不能為自己作主，也甚難為自己挺身而出。

一致的家庭應對

受創傷的孩子需應對世界，以求得生存的方法，他的內在世界不斷「編碼」。但是大人也有自己的「編碼」，兩個人的冰山碰撞，嚴重的就像鐵達尼號的船難。

然而沒有人在理想環境長大，每個生命的成長都有其困難。薩提爾模式的教育觀是，若是有穩定和可以預料的父母，懂得協助孩子，懂得如何讓孩子獨立，而父母自己也能照顧自己，能與人好好相處，喜愛孩子並且鼓勵孩子探索，懂得回應孩子的情緒，接受孩子的犯錯與失落，較能幫助孩子成為有自信、有能力的成年人。

薩提爾曾在演講中對家庭應對，提出幾個詢問，我列出提供參考：

1. 每個人如何呈現自己的獨特性？

2. 如何做決定？

3. 如何對彼此差異做出反應？

薩提爾進一步說明，「家庭中的每位成員，是否能一致且清晰的，表達自己的所見所聞，以及關於對自己和他人的感覺與想法？家庭成員溝通的時候，是否顧慮每個人的獨特性，做出的決定基於探索與協商，而不是基於權力？而差異能被公開承認，並且促進彼此的成長？」

薩提爾模式是一種溝通模式，冰山可視為與自己溝通，也與他人溝通的工具。但是在真正進入冰山對話前，有一個重要的練習，就是好奇，下一章我將仔細說明。

好奇——
冰山對話前的練習

冰山的探索，並非是一門技巧而已，
而是逐漸覺知自我，並且內化的過程，也是一種生命態度，
因為進入自己的內心，是進入他人內在最快的路徑。

二〇〇一年約翰·貝曼受邀來台灣，主講薩提爾模式，他示範冰山的概念，邀請觀眾上台對話。當時我深深受吸引，不止於冰山的解說，還有他的對話方式，與我過去經驗的對話脈絡，完全不同層次。

過去我與人對話，常脫離不了指責、討好、敷衍、說道理、陳述事件，或者搞笑的狀態。我最在意的是，跟家人對話時，常常感到一股無奈，但是離開了家庭，又非常想念家人。反觀當天貝曼的對話，即使當事人卡住了、矛盾了、糾結了，貝曼都很和諧安穩，不斷對當事人探索，探索的問句富於啟發，而且不帶任何的質疑。

體驗性的冰山對話

貝曼當天的對話，對我而言太深刻了，彷彿一位武林高手，在我眼前展示絕世武功，又像是一位開悟的大師，他的提問如金句縈繞，不需要解釋太多，也無須說服他人，更不會敷衍了事，他的對話總是切中要點，讓我心靈震顫思索，經驗極大的振動，那種體驗彷彿靜心之後，一股能量在體內運行，世界變得安詳寧靜。

與他對話的人不是我，我內在都因此有感覺，那是一股強烈的激動、專注、和諧與寧靜。我很難表述這些體驗，那些複雜感覺熔於一爐，這是我生平初次有的經驗。我有股強烈的渴求，想要留在那樣的經驗，那是我熱切需要的，我想要那樣的狀態，想要那樣的對話方式，想要改善我與家人的關係，甚至我從沒有想過的：**我想要改善與自己的關係**。我當時流了不少眼淚，我檢驗觸動自己的因素，讓我流淚的，**具體而言是貝曼的姿態，以及貝曼深刻的提問，概括為貝曼這個人**。

過去我讀薩提爾的書，從未有那樣的體驗，我當時明白了一句話，那是我讀書甚難有的經驗：**薩提爾模式是體驗性的模式**。

兩天講座之後，非常不可思議的，我做了一個罕見的決定，報名兩年專業培訓課程。當時我感到一股生命力，透過貝曼的對話，從冰山底層被召喚。我參與培訓課程，漸漸明白貝曼的對話，是他深化自我冰山，運用了自己深刻的能量，以提問為探索的基礎，敲擊、啟動我冰山內在的生命能量。

約翰．貝曼提及一段歷史，那是他與薩提爾女士的初遇，貝曼當時正攻讀博士，第一次接觸薩提爾，他曾經這樣表述：「薩提爾留給我的第一印象，是在晤談中不斷向來訪者提問，就像是蘇格拉底的化身，不過那時我還沒有意識到，這些問題通常都聚焦在體驗層面。那時，讓我印象深刻的是她的魔力，而不是她的技術和方法。」[1]

學習冰山的夥伴，常常會互相提醒：**冰山不只是工具。意味著冰山的探索，並非是一門技巧而已，而是逐漸覺知自我，並且內化的過程，也是一種生命態度，因為進入自己的內心，是進入他人內在最快的路徑。**

何謂進入自己內心呢？可以詮釋「身心的覺知」，或者從「身心的訊息」探索，覺察與接納自己。

冰山水平面以下的第一區塊，就是人的「感受」。然而，人往往被「腦」（思維）綁架、忽略、蒙蔽，封閉了身心的感受。從身體的感受，到心裡的感受，本是自然而然的發展，卻在人的成長過程，以及心智的運作裡失去了，那無疑失去了與本體的連結。要重拾與自我的溝通，需要重新學習覺知、接納這份體驗，才有機會洞悉更深刻、更清晰的思維。

然而冰山的練習不易，常有人學習冰山對話，知道冰山的理論，一旦冰山對話就卡住了。因此我在本書前幾章，期望由淺入深的示範、講解諸多對話，俾便讀者能更易明白。

溝通時的覺察與停頓

冰山隱喻一個人的內在，因此運用冰山探索、覺察、體驗與轉化，需進入人的內在，才能轉化人的編碼。近年腦神經科學、身體科學的進步，了解身體決定情緒，讓人們開始關注身體訊息。在薩提爾的演講、著作中，不斷提及關注身體感受、心裡感受的重要，到今天都仍然受重視。

我在溝通實務裡，強調姿勢、語調的覺察，意識、並創造停頓，這些非語言訊息，有助於對話者，時時覺察自己，我羅列於下方：

---

1 《當我遇見一個人：維吉尼亞．薩提亞演講集》（世界圖書出版公司，2016年）。

1. 覺察姿態：

覺察自己的肩頸，試著放輕鬆。
雙手自然下垂，眼神專注寧靜，但不是瞪著孩子。
眼神與孩子儘量同水平。
肢體和諧而專注，雙手自然下垂。

2. 覺察語態：

語氣有意識地深刻。
說話速度有意識放緩慢。
語言描述有意識地停頓。
時時提醒自己深呼吸。
專注地說話。

3. 停頓

停頓是留有餘地，是一種深刻的蘊藉感。
停頓具有體驗性，整合思索與感官。
讓自己停頓，覺知自己內在感受。
透過自己的停頓，讓對方停頓。
停頓運用於等待、自我覺察與整合、語言的頓挫。

成長過程抹煞好奇心

薩提爾模式是一個成長模式，並非控制模式；是一個探索模式，並非分析模式。因此「探索」的方式，是薩提爾模式中，最重要的入門功課。

世界包羅萬象，值得人們好奇，但是人逐漸長大了，也逐漸失去好奇感，這與教育方式應有關係。孩子往往會問一連串的問題，大人常不懂如何應對，直接給予答案，或要求孩子聽話，都抑制孩子的好奇心。

人類的成長過程，受限於思維、經驗與文化，看待問題成了固定模式，只想要解決問題，而非好奇問題的成因，尤其在權威解構的今日，傳統教育打、罵、說教、給答案，已經甚難解決問題。因此我在講座、工作坊中，提供一個想法，邀請所有父母與教師「練習好奇」，在語言訊息上刻意不給答案、不說道理、不敷衍與指責，以溫暖和諧的好奇回應，作為對話的乒乓練習。

貝曼提及對薩提爾的初次印象，「在晤談中不斷向來訪者提問。」

探索是冰山對話的主軸，好奇心會帶來同理心，若是對話者不會好奇，冰山大門就進不去了。

我開始學習冰山，意識到好奇甚難，因此刻意練習好奇，使得好奇成為素養。我深深覺得好奇：是傾聽的重要元素、是溝通的起點、是改變的緣起、是接納的開始、是生命力的發軔。

假使一個孩子遭遇困難，大人沒有任何好奇，只想給予解決方法，就沒有機會傾聽，孩子卡在哪兒？孩子未被同理，可能不想表達，溝通就此關閉了。孩子的困難、情緒囚禁於內在，以生存法則應對，改變就顯得困難。大人不懂得好奇，大人的說教與責備，內化成孩子的一部分，不懂得接納自己。一旦孩子面對困難，在生存模式（四種應對姿態）不斷迴圈，就無法連結生命力了。

刻意練習好奇

關於好奇的應對，在家庭、學校與職場中，都甚少為人運用，更遑論孩子出現問題時，以好奇與規則連結孩子。

我收到一封信，媽媽的敘述如下：「孩子上國中之後，每學期考試都作弊。針對作弊的部分，我和孩子曾好好談話，談考試的方法，談作弊的代價，孩子都說了解了，不會再做同樣的事了，但結果又作弊了。我平時沒有要求她的成績，只要求她的態度，有進步都會鼓勵她，為何她還是這樣呢？」

孩子作弊了，這是一個行為，媽媽「好好」跟她說，也是無效用，我建議媽媽運用好奇，了解孩子發生什麼了？也為孩子帶來覺知。

若以此例來練習好奇，你會如何好奇呢？不妨試著列出你的好奇。

我的好奇甚多：孩子作弊的原因？孩子何時開始作弊？發生什麼而作弊？

考不好會怎麼樣嗎？是否曾經考不好，而招致負面經驗？孩子怎麼看此負面經驗？媽媽說重視態度，孩子考不好了，媽媽會怎麼回應呢？孩子會擔心什麼嗎？孩子考不好時，感覺是怎麼樣呢？孩子感覺媽媽重視態度？還是重視成績呢？

很多人無法運用好奇。

好奇的問話，不容易從父母口中，以和諧的口吻，接納的態度提出。當媽媽看見孩子出現問題，父母常以說教、指責、給答案的方式，但父母並不覺知，自己並未對孩子關心，好奇問題的成因，問題仍舊反覆出現。

成長於「聽話」年代的人，在對話中不懂「好奇」，只想要給出答案或道理，易形成對錯爭辯的二元對立，然而我們的社會，「好奇」並非受重視的素養，也不是成長中必備的品格。家庭成員因為彼此熟悉，也是好奇的大敵人，人們對親近的人失去好奇，關係就開始疏遠了，以看不見的方式瓦解。

重拾對人、事、物的好奇心，除了時時提醒自己，也需要在日常對話中刻意練習。我給學員刻意練習的功課是：**不給答案、不說道理、不解決問題、不問「為什麼」、第一句不說「你覺得呢？」、不輕易以「嗯嗯」回應對方。**[2]

開始練習時可能很困難，一旦熟悉好奇的方向，很多夥伴跟我回饋，好奇心就能逐漸回來，培養了「好奇的素養」。

我經常提出各種句型，考驗如何運用好奇？邀請眾人連續十句好奇回應，以培養探索的能力。比如下列敘述句子，能否連續好奇十句話，跟孩子不斷好奇互動？

三歲的孩子說：你的手手是黑的。
五歲的孩子說：我爸媽都是老師喔！
六歲的孩子問：為什麼窗戶黑黑的？
七歲的孩子問：什麼是孤兒院呀？
九歲的孩子說：老師又處罰我了。
十歲的孩子說：我不想寫功課。

---

2 這些問句並非完全不宜，只是按照經驗歸納，在大多數時間不利於深入互動。

十二歲的孩子說：我不會寫作文。
十四歲的孩子說：人為什麼要讀書？
十六歲的孩子說：我覺得老師很機車。
十七歲的孩子問：讀書真的那麼重要嗎？

上述敘述句子，有的是抱怨，有的是問句，有的陳述現象。在我下文提出好奇脈絡之前，讀者不妨思索，是否可以完全以「好奇」回應？

當好奇成為一種素養，進入冰山探索就容易多了。

你好奇了嗎？

剛開始練習好奇的人們，會發現不斷好奇甚難，甚至第一句都很難；漸漸能問一、兩句之後，發現接下來問句不易接續；也會發現好奇的問句，夾雜著讓人沮喪的回應，進而意識自己的好奇問句不妥；也疑惑一直好奇下去，不知要好奇到哪裡？這些都是練習時必經的過程。

我為「好奇」給出了一個方向：以豐富的眼光看待人事；好奇不是引導答

案、意義或一己期待；好奇是打開一道門，看見美好的風景；好奇最終之處是連結人的生命力。

除了在對話中，時時提醒自己好奇，也刻意每天練習五分鐘，對身邊親近的家人好奇。我曾經在《對話的力量》一書，帶出一個好奇對話的指引，讓對話的一方能專注，也讓對話者有方向，我列於下方：

- **呼喚名字、或者稱謂，且刻意停頓。**
- **從對方能感興趣，能回應的話題切入，對話者主動從事件中提問。**
- **可以重複對方上一句句尾，有緩和與積極聆聽效果。**
- **為對方的敘述整理、組織出精簡敘述。**
- **避免「為什麼」，但可以取代為：你還好嗎？發生什麼事了？怎麼啦？**

我很好奇……

- **當牽涉規則，引導孩子負責任，善於運用「怎麼辦呢？」**

除了這幾個提點，如何拓展話題？如何在進入冰山脈絡前，讓提問更有內涵呢？我提供下列三個方向，可以與冰山的脈絡交錯提問：

‧**不解決問題，而是對人的關注**。亦即關注事件對人的衝擊，而不是關注問題如何解決。

‧**回溯時間，探索問題的成因**。回溯個人經驗，剛好與冰山形成一個十字框架，回溯的年表就是時間軸，冰山就成了空間軸。每一個時間軸中，都有其歷時性的空間軸；每一個冰山的空間軸中，都有其能回溯的歷史。

‧**詢問具體事件，在細節處提問**。除了能具體了解，也能讓對話一方將事件賦予語言，陳述發生了什麼事？了解自己是誰？進而進入冰山脈絡。

比如我五歲的外甥女川川說：「我爸媽都是老師喔！」

我回應：「妳爸媽都是老師呀！」（重述語言）

川川：「對呀！」

我：「妳什麼時候知道的呀？」（回溯）

川川：「我很久很久很久很久以前就知道了。」

我：「妳很久以前就知道啦？」（重述語言）

川川：「對呀！」

我：「妳有看過爸媽當老師嗎？」（**回溯**）

川川：「有呀！」

我：「爸媽當老師的時候，妳在哪裡呢？」（**具體事件**）

川川：「我坐在他們身邊呀！」

我：「妳記得他們說了什麼嗎？有說什麼故事嗎？」（**具體事件**）

川川：「我記得呀！有說故事呀！」

我：「他們說了什麼呀？」（**具體事件**）

川川接著開始敘述，爸媽某一次當老師說的故事。

如果我在這之後，開始進入冰山，就有了充分的故事、事件。

我可以詢問川川：「聽故事的感覺怎麼樣？」、「哪一段話最有感覺？」、「這個故事會讓妳悲傷、生氣、害怕呀！」（上述都是感覺）；「怎麼會感到悲傷呢？」、「喜歡聽爸媽講故事嗎？」（**觀點**）；「妳以前有聽過這樣的故事嗎？」（**回溯**）、「那是什麼樣的故事呀！妳還記得嗎？」（具體事件）；「妳希望聽見那樣的故事嗎？」（**期待**）；「妳如果是故事裡的人，妳希望有人愛妳嗎？」（**渴望**）

不只為了解決問題

我帶領過一個家長團體，一位媽媽問我孩子不想上學，該怎麼辦才好？媽媽希望透過角色扮演，請我示範如何對話。因此由我扮演家長，媽媽扮演兒子。

媽媽扮演：「我明天不想上電腦課。」

我的扮演：「發生什麼事啦？怎麼不想上課？」

媽媽扮演：「我的電腦作業沒有存檔，而且電腦課聽不懂。」

我的扮演：「那怎麼辦呢？」

媽媽扮演：「我就不想去上課呀！」

我的扮演：「妳不想去上課呀！」

媽媽扮演：「對呀！」

我的扮演：「不去上課可以嗎？」

媽媽扮演：「當然不可以呀！」

我的扮演：「那怎麼辦呢？」

媽媽扮演：「我也不知道。」

我的扮演：「妳有問過老師嗎？」

媽媽扮演：「有呀！老師叫我請同學幫忙！」

我的扮演：「妳問過同學了嗎？」

媽媽扮演：「同學都沒空幫我呀！」

我的扮演：「妳希望我幫助妳什麼呢？」

媽媽扮演：「我也不知道。」

我的扮演：「妳怎麼問同學的？我可以知道嗎？看看妳問同學時，發生了什麼？同學怎麼不幫妳呢？這樣好嗎？」

媽媽扮演：「好呀！」

對話停在此處，我問媽媽對話感覺如何？媽媽說：「感覺很舒服呀！覺得被尊重。但是那不一樣啦⋯⋯」

媽媽接著說：「不同人講話，感覺不一樣啦！」

我好奇的問媽媽：「妳講話時有注意姿態、語態與停頓嗎？」

媽媽說：「我都有注意呀！」

我問：「對話的內容一樣嗎？」
媽媽說：「老師，我跟你說，我也是這樣說話的，我們的內容一模一樣！」
我確認了一次：「是嗎？一模一樣？」
媽媽很肯定的強調：「真的一模一樣。」
於是我邀請媽媽，重現與兒子對話的場面，由我來扮演兒子，媽媽欣然同意。
我的扮演：「我明天不想上電腦課。」
媽媽：「你為什麼不想上電腦課？」
我的扮演：「我的電腦作業沒有存檔，而且電腦課聽不懂。」
媽媽：「厚！這是老問題了！你有去問老師嗎？」
我的扮演：「有啊！老師叫我問同學啊！」
媽媽：「那你問同學了嗎？」
我的扮演：「問了啊！同學都很忙啊！沒有空跟我說啊！」

媽媽：「你有每個同學都問了嗎？我不相信你每一個同學都問了。」

現場的媽媽聽了這段對話，紛紛笑了出來，大概是笑她的對話，和我的對話「大不相同」吧！

練習好奇時，很容易踏入誤區，忽略了要關心人，而想要去解決問題。一旦我們想要解決問題，而不是關心人發生了什麼？人如何面對一個困難？就很容易在好奇中，想要解決對方的問題，或者想要引導入一個標準答案，因而踏入誤區了。

好奇就有接納

我工作坊或講座現場，有時會有孩子出現，我因此請孩子當主角，問在場的大人問題，考驗現場大人的回應，再請孩子按照內在的感覺，以及解決問題的效能打分數。若是大人只是給予答案或道理，孩子回饋的分數往往偏低；若大人使用好奇的方式，孩子回饋的分數大部分偏高。

有次在新加坡講座，一位十一歲的男孩上台，問了大人幾個問題。

男孩問：「為什麼學校功課那麼多？回到家大人還要出功課？」

有位老師現場與男孩互動。我將互動的內容寫下：

老師：「學校功課會很多嗎？」
男孩：「很多。」
老師：「你做得完嗎？」
男孩：「做得完。但是都很晚了。」
老師：「這樣會很晚睡覺嗎？」
男孩：「有時候會很晚睡呀！」
老師：「會影響隔天上課嗎？」
男孩：「有時候會遲到。」
老師：「遲到怎麼辦？」
男孩：「想辦法跟老師說。」

從上述的對話中，可明顯看出老師失焦了。

男孩問：「為什麼學校功課那麼多？回到家大人為什麼還要出功課？」重點應是「回到家大人為什麼還要出功課？」但是老師忽略了大人為何還要出功課？只是在學校的功課，與男孩展開對話。

我邀請男孩為老師打分數，如果滿分是十分，孩子會給老師幾分呢？男孩給對話失焦的老師八分。即使是失焦了，大人在應對問題時，如果對孩子只是好奇，孩子的感覺也是好的，因為孩子感覺關心與接納。

孩子又問了一個問題：「為什麼大人給我們玩的時間這麼少？」

我邀請新加坡鄧祿星老師，現場示範回應孩子。

鄧祿星老師學習薩提爾四年，已經熟練冰山的對話，因此對話在孩子的冰山展開，探索孩子冰山的各層次。新加坡的田園老師，為這對話記錄了逐字稿，鄧老師對話如下：

孩子：「為什麼大人給我們玩的時間這麼少？」

鄧老師：「謝謝你這麼勇敢，站在這裡為我們上課。你剛才的問題是，『為什麼大人給我們玩的時間這麼少？』是嗎？」（**核對**）

孩子：「嗯！」

鄧老師：「你的大人指的是……？」（核對）

孩子：「父母。」

鄧老師：「我們是指……？」（核對）

孩子：「我，還有弟弟。」

鄧老師：「哦！你還有弟弟。所以，你是想問我。為什麼爸爸媽媽給你和弟弟玩的時間這麼少？是嗎？」（核對）

孩子：「嗯！」

鄧老師：「當爸爸媽媽給你們玩的時間少，你是什麼感覺？」（感受）

孩子停頓了一會兒：「……不想做那些作業，因為想玩。」

鄧老師：「所以你是很想玩，是嗎？」（核對）

孩子：「嗯。」

鄧老師：「所以當你想玩，可是爸媽又不讓你玩，那你會覺得怎麼樣呢？」（感受）

孩子：「很傷心。」

鄧老師：「很傷心！」（**重複語言**）

孩子：「嗯！」

鄧老師：「那同時你也想到一點，弟弟跟你一樣啊？」（**觀點**）

孩子：「他的功課比較少。」

鄧老師：「但是你說，爸媽不讓你和弟弟一起玩，所以也考慮到弟弟是嗎？」（**觀點**）

孩子：「嗯！」

鄧老師：「所以，你很愛弟弟。」（**觀點**）

孩子：「因為我很少和弟弟玩，想多和弟弟一起玩。」

鄧老師：「你玩的時候，需要弟弟跟你一起玩，但是爸媽也不讓你跟弟弟一起玩。」（**期待**）

孩子：「因為他先做完，而我還需要做功課。」

鄧老師：「所以，爸媽不讓你和弟弟一起玩，你會生氣嗎？」（**感受**）

孩子：「有時候。」

鄧老師：「有時候啊？可是我看著你，現在有很多笑容呀！」（**核對**）

孩子笑了！

鄧老師：「你講到這件事情的時候，你只有生氣嗎？」（感受）

孩子：「我還有傷心。」

鄧老師：「傷心了，那現在呢？」（感受）

孩子停頓沒說話。

鄧老師：「你想到爸媽不讓你玩，你傷心嗎？」（感受）

孩子：「現在不會。」

鄧老師：「現在不會？怎麼現在講起來不會傷心呢？」（感受）

孩子：「因為現在沒有做功課。」

鄧老師：「你生爸媽的氣嗎？」（感受）

孩子：「會。」

鄧老師：「那生氣時候，你做什麼？」（應對）

孩子：「我繼續做功課。」

鄧老師：「那我覺得，孩子呀，你真是一個很乖的小朋友。爸媽不讓你玩，讓你做功課，你生爸媽的氣，可是你沒有做出過分的行為。你還知道要把

功課做完。是嗎？」（觀點、渴望）

孩子：「是啊！」

鄧老師：「你可以給這樣的自己一個讚賞嗎？」（渴望）

孩子：「呃？」（孩子沒明白）

鄧老師：「你會欣賞這樣一個能夠體諒爸媽的自己嗎？」（渴望）

孩子：「還可以啦。」

進入對話者的感受

鄧老師的對話，在冰山的各層次進行，我在對話後面標註，讀者不妨觀察鄧老師的路徑，有沒有什麼心得？也可與我的對話比較。

每個人冰山的對話，有自己的詮釋與喜歡的方式。我的冰山對話，學習自貝曼老師，我曾仔細觀察貝曼的對話，也刻意練習貝曼的對話路徑，從刻意模仿與練習開始，到走出自己的路徑，我感到對話較為成熟，經歷了將近十年的時間。我重新看貝曼的冰山對話，我能辨別貝曼喜歡的路徑，那是他個人的長項，也看見自己的路徑，有一種美麗的體悟。

我設想貝曼的對話路徑，大概會在「感受」上工作，從孩子的傷心切入，分辨出難過的層次，除了難過自己沒辦法玩耍，也難過自己會分心，進而切入如何為自己「負責」？

貝曼的冰山路徑，需要讓對話者在「感受」上進入，能有深刻的體驗性，才能分辨出難過的不同層次。

鄧老師與男孩的對話，也在「感受」上工作甚久，這也是我喜歡切入、且重視的方式，從此點可以看出貝曼、我與鄧老師同出一脈。鄧老師在「感受」的工作，除了他可能有時間壓力之外，我有兩點觀察：

其一是孩子的感受，並未真正進入體驗，意即孩子雖然「說」了感受，但是並未在說的當下，體驗那份感受。若是未進入孩子感受，就不容易深入冰山。渴望的層次亦然，孩子在渴望層次也未體驗，那也很難連結自己的生命力。所謂的體驗並不一定會落淚，而是要進入體驗當時情境，薩提爾發展出雕塑，正是因為透過雕塑迅速進入體驗，因為薩提爾模式是體驗模式，那也是轉化人最重要的關鍵。

其二是因為感受未進入，鄧老師的問話方向失焦了，所謂的失焦的意思，是失去了目標，想要將這個對話，帶到哪裡去呢？因為孩子沒有跟上來。但是鄧老師在認知上，很清楚對話要通往渴望，因此鄧老師的對話，從「你可以給這樣的自己一個讚賞嗎？」到「你會欣賞這樣一個能夠體諒爸媽的自己嗎？」都是在渴望層次工作。然而感受層次的體驗未進入，渴望層次的體驗就更不易了，且進入渴望層次太匆促，孩子僅在「觀點」上回應或虛應，不會有實質上的轉化出現。

生活化的脈絡有助於進入冰山

貝曼的教學對象，訓練的是諮商師，因此帶入冰山脈絡的對話，是薩提爾學派心理師的基礎素養。冰山的框架建構，據我所知是貝曼建構，依據薩提爾女士的脈絡歸納。我重新看薩提爾的錄影帶，她的對話與貝曼不完全相同，有不少對話發展更生活化。當我將冰山對話推展在生活，我意識到需要更生活化的脈絡，所以在進入冰山之前，我以三個方向進行對話：

1. 不解決問題，而是對人的關注。

2. 回溯時間，探索問題的成因。

3. 詢問具體事件，在細節處提問。

有較多資訊進入冰山，也適用於一般大眾。

我在鄧老師示範完，接著示範與孩子的對話，在介入孩子的冰山時，先以對人關注、回溯時間、具體事件對話，再導入冰山就會容易多了，以下是我與孩子的對話，也是由新加坡田園老師，為我記錄的逐字稿：

阿建：「孩子呀，我想問你一個問題。這幾天，爸媽有不讓你玩的時候嗎？」（**回溯**）

孩子：「沒有，因為是假期。」

阿建：「你想一下這個問題，最近不讓你玩，是什麼時候呢？」（**具體時間**）

孩子：「假期前。」

阿建：「假期前多久呢！你還記得嗎？」（**回溯**）

孩子：「忘記了！」

阿建老師：「你都忘記啦？爸媽對你說了什麼？爸媽怎麼說你的？」（**具體事件**）

孩子沉默（**此處孩子的停頓甚重要**）。

阿建：「爸媽怎麼說你的？你還記得嗎？從學校回到家，有功課。他們讓你去寫功課，不讓你玩？是嗎？」（**重述細節**）

孩子：「嗯！他們說寫完功課再去玩。」

阿建：「所以你要問的是什麼呢？你希望還沒有寫完功課就去玩，還是……？」（**期待**）

孩子：「在做功課之間休息時，可以多玩一會兒。」

阿建：「哦！是你功課做到一半，你可以休息可以玩哪！」（**期待**）

孩子：「希望可以玩久一些。」

阿建：「現在還會和弟弟玩很久嗎？」（**回溯**）

孩子停頓一會兒：「有過，但是後來很少了。」

阿建：「後來很少啊？那是怎麼了？」（**事件**）
孩子：「爸媽有允許我們玩十到十五分鐘。」
阿建：「孩子呀！對你而言，這樣子算久嗎？時間夠嗎？還是希望再長一點。」（**期待**）
孩子：「很短！」
阿建：「那你希望多久呢？」（**期待**）
孩子：「半個小時。」
阿建：「哦！那爸媽答應過嗎？從小到大？」（**期待**）
孩子：「有時候有的。」
阿建：「我想問的是，他們在什麼時候答應？發生了什麼，他們答應讓你玩半個小時？」（**具體事件**）
孩子：「比較小的時候。」
阿建：「比較小的時候呀？發生了什麼事情，他們從以前到現在有了一個變化呢？」（**觀點**）
孩子：「因為現在功課比較多，所以要趕快做完。」

阿建：「哦！功課比較多了。你做得完嗎？」（期待）

孩子：「做得完。」

阿建：「你會做得很快嗎？」（期待、觀點）

孩子：「不會。」

阿建：「發生了什麼事？你做功課會比較慢，是功課多了，還是你做的時候會分心，還是……？」（事件、觀點）

孩子：「會分心。」

阿建：「會分心呀！喜歡嗎？」（期待、觀點）

孩子：「呃……，不喜歡。」

阿建：「那你有問爸媽怎麼辦嗎？」（應對）

孩子：「呃，沒有。」

阿建：「你想改變嗎？想改掉這個分心嗎？」（期待）

孩子：「想啊！」

阿建：「你想呀！」（重述）

阿建停頓了一下：「XX，我想問你一個問題：如果你很快地做完功課，

你就可以玩了。是嗎？」（**觀點、期待**）

孩子：「呃，對！」

阿建：「假設你做功課時，可以不分心，我想幫你不分心，你想要嗎？」（**期待**）

孩子此時沉默了（**此時的停頓，我認為很重要，當孩子有了覺知，才會意識到自己想怎麼解決？而停頓是覺知重要的一部分**）。

阿建：「我想到一個方法可以幫你，你想要嗎？讓你做功課時，可以不分心。然後，做完了，可以去玩。你爸媽會允許嗎？」（**期待、觀點、核對**）

孩子又停頓一下：「應該會吧。」

阿建：「應該會呀？如果我提出一個方法，你要嗎？」（**期待**）

孩子：「要！」

阿建：「謝謝你，你是個這麼認真的人啊！」（**觀點、渴望**）

對話是改變的開始

我的對話示範到這裡，透過好奇與核對，進入觀點與期待探索，釐清孩子的狀況。這樣的探索了解孩子，知道孩子不想分心，想要專注的學習，了解孩子對自己的期待，與大人對自己的期待相同，只是未好奇孩子的狀況？常形成親子之間對立。

若是繼續對話，進入冰山脈絡，有助於孩子解決根源的課題，帶入生命的應對，探索分心對內在的衝擊，進而覺知自己的責任，改變自己的應對方式。

嫻熟冰山對話的人，只要一點點資訊，就能進入對方冰山，然而這也有前提，那是彼此都知道要去哪裡？通常是心理工作者，雙方都有默契要探索困難？要進入一條內在的神聖旅程。

然而薩提爾模式，也是一個生活模式，從生活對話走入冰山，需要對話者願意，帶著愛與接納彼此。從生活對話進入冰山，需要多一些關懷，多一些資訊，進入冰山對話較容易，也較易讓彼此接納。

我會繼續好奇的是：

「你分心的時候，有人會對你嘮叨嗎？或者教訓你嗎？」（探索他人應對姿態）

「爸媽對你嘮叨的時候，你會有什麼感覺？」（感受）

「當你感到很煩的時候，你做了什麼呢？」（應對姿態、事件）

「當你很煩的時候，你就更不想寫功課呀！你是故意的嗎？」（觀點）

「發生了什麼？你會不想寫功課呢？」（觀點）

「當你拖著不寫功課，爸媽罵你的時候，你會有什麼感覺呢？」（感受）

「你怎麼看待自己呢？當你被爸媽罵，而功課又很晚才寫完。」（觀點、渴望）

「你想要改變這樣的狀況嗎？」（期待）

「發生了什麼，你還是願意專注呢？你的內在有一股不放棄的力量。」（渴望）

「你會怎麼樣看待不放棄的自己呢？」（觀點、渴望）

對話是改變的開始

鄧祿星老師此時提問：「大人是否要有解決分心的方法？才能幫助分心的孩子？」

若是老師能協助孩子，懂得專注而不分心，協助孩子專注以對，那是最好的狀況。若是老師不懂如何解決分心？單憑藉著「好奇」，也能對孩子有所幫助嗎？我的答案是肯定的，因為好奇的對話，為對方帶來覺知，覺知自己的責任。

我若不使用冰山的脈絡，也不懂解決分心的方法，單純好奇孩子的處境，就會帶來影響。比如我的好奇會這樣進行：

「我很好奇你什麼時候分心？」

「你知道你當時分心了嗎？」

「你分心的時候，會做些什麼事呢？」

「當你知道自己分心了，有立刻專心嗎？」

「我很好奇，你知道自己應該專心，然而發生了什麼事，你知道分心的時刻，卻沒有立刻專心呢？」

「你想要改變嗎？」

「你可以怎麼幫助自己呢？當你知道自己分心的時候？」

這樣的對話，讓孩子覺察、意識、聚焦且逐漸體驗分心，就會帶來不同的面貌。但是必須說明的是，單純的好奇與冰山的好奇，不止是問話脈絡不同，冰山關注的，不是解決問題，而是一個人面對問題時，內在的發生與衝擊，冰山對話更深刻幫助人，讀者不妨比較一下，上下兩個提問內涵，有何不同之處？

對話中充滿著好奇，較能讓孩子感到舒緩，有助於孩子感到被接納，若進一步運用好奇理解孩子，也有助於孩子覺知，孩子也意識到自己的責任，這就是改變的開始。

鄞祿星老師聽完我的解說，轉頭問這男孩子，這樣的對話之後，對你有幫助嗎？

孩子點點頭說：「我會想要專心。」

我視「好奇」為對話裡的基本工，邀請眾人大量練習好奇，就能漸漸意識如何好奇，提問就能愈來愈好了。當提問愈來愈好，也就容易進行冰山的脈絡，穿梭悠遊於寬廣深刻之境。

田園老師的回饋

田園老師任教於新加坡輔華小學。田園老師與鄧祿星老師，都是新加坡學思達老師，並且都曾開放教室，兩位都非常專注於學思達、薩提爾模式的學習。

田園老師參加過我的冰山工作坊，學習薩提爾頗有心得，她的上課筆記與回饋甚有可觀，我節錄一小段，附上說明：

「我在二〇一三年聽阿建老師的薩提爾講座，發現自己要改變的方向，二〇一七年了解冰山對話之後，讓我茅塞頓開，好像開悟了一樣。

阿建老師，用一個十字軸（崇建案：縱軸是冰山，橫軸是個人的成長年表），把冰山和生命歷程形成網狀結構，冰山是縱軸，生命歷程是橫軸（崇建案：透過冰山縱的問話，比如從事件到感受，從感受到觀點，從感受到期待，從觀點到期待……，都是縱軸的直線進行。橫軸就是回溯，冰山的每個區塊，都有其回溯的歷史，因此是橫向的探索。兩者交織成網狀結構）。在生命歷程上可以加上原生家庭和影響論（崇建案：這也是薩提爾模式的工具）。我們就能從每一個點出發，去彼此連線，形成一個綿密的大網。在這個網裡，用好奇提問，去關心人，然後再解決問題。」

開展——深入冰山路徑

在冰山各層次的探索，
有助於一個人覺察自己，覺察自己真實的狀態。

我在本書第一章呈現了冰山的對話是探索一個人的內在最簡單的方式。前一章，也介紹了「好奇」，如何刻意練習「好奇」，並順利展開對話。以可盟的例子來說，我的探索是關心可盟，不是以解決問題為主，而是想要了解可盟，因此對話不會執著於事件，而在可盟冰山各層次穿梭，不僅我更了解可盟了，可盟可能也更了解自己了。

一般人的對話執著於解決問題，也就不會產生好奇，更無法探索可盟的觀點、期待、感受與渴望，只會在事情有無解決打轉，事實上事情大部分難以解決，或者如打地鼠一般，這裡彷彿解決了，那裡的問題又冒出來了。

冰山的運用甚驚人，除了前面幾章介紹的基礎對話，更能在對話中，讓人產生覺知，也能深入問題的核心。以下是幾個例子。

空白的記憶

有次我進行三天工作坊，邀請學員回家做功課，以全然的好奇進行對話。邀請學員若是對話順利，試著練習從一個事件，回溯最早擁有的經驗，是如何形成的？探索自己的成長軌跡。

洪老師隔天回饋，回家進行全然的好奇，但是一旦要回溯早期經驗，他就完全記不起來，畫面是一片空白。洪老師詢問這是否與ACE有關？因為ACE常使人遺忘早期記憶。

我因此與洪老師展開對話，這一段對話甚有意思。我將兩人對話記錄如下：

洪老師：「我過去的記憶一片空白，完全記不起來！」

我：「你完全記不起來嗎？」（**事件**）

洪老師：「對呀！過去發生的事情，我總是記不起來。」

我：「當你提到記不起來，有什麼感覺？」（**感覺**）

洪老師：「沒有特別的感覺，就很一般的感覺。」

我：「你說自己總是記不起來呀？」（**重述事件**）

洪老師：「對呀！」

我：「什麼時候開始？事件都記不起來呢？」（**事件**）

洪老師：「我常常都記不起來，尤其是六歲以前都是空白。」

我：「老師……我很好奇……」我在此處停頓較久，我的語態專注，說話甚寧靜的問：「那你想要記起來嗎？」（期待）

洪老師聽了我的好奇，臉色竟然倏地變了，並未回答我的問題。

我：「當我問你想記起來嗎？你的內在發生什麼？此刻你有什麼感覺？」（感受）

洪老師很緩慢的說：「很有壓力。」

我：「能不能說說你的壓力？」（感受的感受）

洪老師：「我很怕記得那些記憶，那些記憶讓我有壓力。」

我：「那你想記起來嗎？過去的那些記憶？」（期待）

洪老師停頓了一下，緩緩搖搖頭說：「不想。」

我：「你還記得嗎？發生的那些事情，那些記憶讓你害怕？……」（事件）

我與洪老師的對話，在場的學員甚感好奇，洪老師原來自己決定「不要記得。」但是洪老師自己並不覺知。為什麼會有這樣的情況呢？因為人的大腦分為理性腦、情緒腦，理性腦為了求生存，打壓了情緒腦，因此理性腦已經有了慣性，忽略了情緒腦的聲音。

這就彷彿很生氣的人，說自己沒有生氣，只是說話比較大聲，那意味著理性腦欺騙了自己，可能在成長背景中，被教導「人不該生氣」，因此當自己生氣了，也不覺知、不承認自己生氣了。

理性腦的慣性應對，以為自己不記得過去了，殊不知這是「生存應對」，繞過了情緒腦。當我很專注一致的問話，從期待處慎重詢問，教師的情緒突然有了意識，我再切入感受詢問，讓情緒與理性整合，教師方覺知自己的生存應對，是自己決定遺忘記憶。

這裡必須說明的是，除了問話的路徑之外，問話者的姿態是否寧靜和諧？也是甚重要的條件。

洪老師的回饋

阿建老師用很專注和諧的態度，引出我自己潛在的訊息，神奇的事情就這樣發生了，我覺知到了自己。覺知到了那個決定讓我沒有記憶的自己。一個和諧的，沒有設定目的性的談話，卻往往最具有溝通的實質意義。

我沒有生氣，只是覺得遺憾

再舉另一個例子。

一群人聚在一起聊天，聊到了房地產。小琳的爸爸留下一塊地，土地正被市府重劃，需要選擇重劃後的位置。因為小琳的爸爸年事已高，家人也疏忽時間了，重劃後的位置不甚理想，小琳談到此處聲調提高，表情甚為憤怒。

友人問她：「妳是不是在生氣？」

小琳眉頭皺起來了，很焦躁的回應：「我沒有生氣。」

友人：「但是妳看起來的樣子，是生氣的樣子。」

小琳表情更憤怒，語氣更憤怒回應：「就已經跟你說過了！我沒有在生氣。」

眾人進入一陣沉默，小琳才又懊惱著：「我怎麼會生氣？如果我生氣了，就是在責怪爸爸，怪他沒處理好土地重劃？爸爸年紀這麼大了，我怎麼可以怪他？」

大夥兒避免尷尬，沉默著不說話，眾人又進入一陣安靜。

小琳最終為化解尷尬，用一句話終結對話：「我沒有生氣，我只是覺得遺憾而已。」

以一個旁觀者看小琳，小琳的言行表現，的確是生氣的表現。這是日常生活中，我常遇見的狀況：有情緒的人，常說自己沒有情緒。對話的雙方，不懂如何覺察、接納與平靜的探索彼此，一場對話醞釀成雙方較勁兒，更嚴重的就是衝突。

以接納的語言應對

親子之間也常有此種狀況，因為情緒於內在暗流，雙方對話成了較勁兒，如果詢問：「你有感覺不舒服嗎？因為你看起來有一點激動。」

當事者比較大的機會，去覺知、承認自己的不舒服，假設小琳承認自己不舒服。友人可以繼續探索：「這個不舒服是……」、「這個不舒服是生氣嗎？」

循序漸進的方式，比較能貼近小琳的內在，一方面了解小琳，也讓小琳理解與接納自己。

為何問「妳是不是在生氣？」或者「你在生氣嗎？」，會讓當事人感覺被指責呢？我為此種情況的原因，試著推論如下：

小琳說自己並未生氣，應該視生氣如禁忌，想方設法否認、解釋：「自己沒有生氣。」

小琳否認的過程，應有其成長的歷史：**家庭可能視生氣為禁忌？或者曾有與情緒相關的經驗，使得小琳在生氣的時候，背後還有一個聲音，不允許自己生氣**。

小琳對於生氣，會感覺自己很懊惱，「生氣」是小琳的感受，但小琳否認這個感受，「懊惱」是小琳感受的感受——當小琳生氣的時候，小琳為這個生氣感到懊惱。

當小琳沉靜下來了，可以感覺自己的情緒：懊惱、悲傷、沮喪、生氣、無奈。如果她懂得冰山，就能在事後為自己在冰山圖上，描繪一張自己內在。

小琳的內在冰山

事件：家裡的土地正經歷重劃。

感受：生氣、無奈。

感受的感受：懊惱、悲傷、沮喪。（當我感到生氣時，對生氣的感覺，感覺到懊惱，因為我怎麼可以生氣？當我感到生氣時，對生氣的感覺，感受到悲傷、沮喪，因為我對爸爸生氣，就是不孝順，所以我對自己的生氣感到悲傷、沮喪。）

觀點：我不能對爸爸生氣、我怎麼可以生氣、我應該對爸爸孝順、天下無不是的父母、我應該心平氣和。

期待：我期待自己能解決一切、我期待家人能負責、我期待爸爸不要出錯、我期待自己是懂事的女兒。

渴望：我是個有價值的女兒、我是值得被愛的、我能接納自己的一切、我的存在是有意義的。

小琳若懂得冰山，能對自己提出冰山探索的問句，那麼羅列出來的問句如下：「我可以生氣嗎？」、「我如何看待自己的生氣？」（**探索感受的觀點**）

「什麼時候開始，我不允許自己生氣呢？」（**探索生氣觀點的形成**）

「我以前生氣的時候，爸爸媽媽怎麼回應我呢？」（**探索生氣觀點的形成**）

「當我還是個孩子，遇到生氣的情況，爸媽是否責罵、教訓、忽略、懲罰過我？我期待爸媽怎麼樣對待我？」（**探索孩提時的期待、爸媽對自己的期待，也探索自己的渴望**）

「我可以責怪爸爸嗎？雖然我不想責怪爸爸？如果我內心責怪爸爸，是否代表爸爸不好？我是否在行為層次上有不禮貌？如果我承認了責怪爸爸，我是否能接納爸爸沒做好？」

在冰山各層次的探索，有助於一個人覺察自己，覺察自己真實的狀態。比如覺察自己真的生氣了，探索自己的成長歷程，能對自己感到尊敬，也解放自己被囚禁、不願意承認的冰山，進而讓自己成為更自由的人。透過冰山的探索，小琳可以更了解自己，整合自己的情緒與理性，為自己重新做決定。

深層的冰山路徑

冰山看起來簡單，但是卻有繁複的線索，以及繁複的使用方式。在簡單的層次裡，有助於對話的彼此順著冰山的脈絡，一步步探索彼此，更了解彼此的內在。

若是更深一層次運用冰山，對冰山進一步熟悉，除了懂得探索、核對與體驗，讓彼此更理解，還能透過冰山的對話，轉化童年的創傷，比如俗諺云：「一朝被蛇咬，十年怕草繩。」透過冰山對話，讓人不再害怕草繩，從過去的受傷經驗中轉化，轉化的要素要體驗人的資源，也要體驗人的渴望。但是本書聚焦在冰山運用，呈現的是基礎的使用方向，俾便有興趣的教師、家長或各領域的夥伴，能夠了解冰山的使用，未聚焦在深入使用的案例。

冰山運用的層面甚廣，從個人的覺察與成長，到親子、師生、班級經營、職場互動、運動選手增能、企業員工增能，都非常適合運用，帶來彼此的覺察與成長。

冰山不就是一張圖表？將幾個層次列出來，為何有那麼強大的力量呢？

原因之一是人們談話，往往聚焦在事件的「對錯」，並非真正探索「人」。冰山呈現人隱喻的各部分，探索一個人的內在。

原因之二是人們談話時，往往聚焦在事件，而不是聚焦在事件對人的衝擊，因此當對話轉向事件對人的衝擊，那是一個甚少人談話的路徑。

原因之三是冰山的探索，有各種不同的方向，比如發生一個事件：孩子不上學。對家長的冰山探索，可能會這樣問話與回答：

「孩子不上學，妳的感受是什麼？」（事件↓感受）

媽媽：「我感到很生氣。」

「妳怎麼看待孩子不上學？」（事件↓觀點）

媽媽：「當一個學生就應該乖乖上學。」

「孩子不上學了，妳的期待是……？」（事件↓期待）

媽媽：「我期待孩子不要那麼煩，老是找我麻煩。」

「當孩子不上學了，妳怎麼體驗自己？」（事件→渴望）

媽媽：「我覺得努力都白費了，那麼辛苦很沒意義。」

這個路徑是感受、觀點、期待、渴望，順著問下來的，本書第一章提過，冰山彷彿一把吉他，順著彈奏 do re mi fa so la ci do，但當你熟悉了以後，可以彈出莫札特、貝多芬……，各種不同的音符與節奏。

彈奏不同的音符有何意義呢？

我將視野拉回上面的探索，這個探索的基準點，是以「事件」為主軸，因此是以事件產生的「感受」、事件產生的「觀點」、事件產生的「期待」、事件產生的「渴望」。

我將路徑更動一下，也將探索的基準點更動，看看會有什麼事情發生？

「孩子不上學，妳的感受是什麼？」（事件→感受）

媽媽：「我感到很生氣。」

「當妳感到生氣的時候，妳做了什麼？」（感受→事件）

媽媽：「我把孩子留在校門，我轉頭就回家了。」

「當妳轉頭就回家了，妳的感受如何？」（事件→感受）

媽媽哭了：「我感到很難過！」

「妳的難過是……」（難過→渴望）

「我覺得自己不是個好媽媽，將孩子丟在那裡，我很糟糕……」

上述兩段對話，是我在工作坊中，學員的一段問話，以及我的一段問話，兩個問話的基礎點不同，問話的路徑也不同，但是最後的目標都相同，目標都是幫助對話的人，覺察、了解自己，並且為自己負責。

路徑的轉換

日常生活也是如此。

有個女孩出國前生病了，很慌張、焦慮自己的病，擔憂自己能否出國？

親友問她，她只說自己很焦慮，她希望自己趕快好起來。

這些問話，都是以「事件」為基礎，問話而得到的結果，可能無助於女孩成長，也無助於解決女孩問題。

如果按照冰山的脈絡，探索女孩的內在：

我問她：「妳現在生病了，此刻感覺怎麼樣？」（事件→感受）

女孩：「焦慮、擔心，還有害怕。」

我：「哪一個感受多一些？」（感受）

女說：「害怕。」

我：「能不能說說妳的害怕？」（感受）

女孩：「我害怕不能出國。」

我：「如果不能出國的話，妳有什麼感覺呢？」（事件→感受）

女孩哭起來了：「我感到很難過。」

我：「妳難過什麼呢？」（感受）

女孩：「我在想自己是不是做錯了什麼？」

我：「怎麼說做錯了什麼呢？」（觀點）

女孩：「我是不是做錯了什麼？上天才懲罰我生病？」

我：「這種想法什麼時候有的？」（**觀點**）

女孩：「小時候我如果生病，爸媽都說因為我不乖，所以老天爺懲罰我。」

我：「小時候的妳怎麼想呢？」（**觀點**）

女孩：「我覺得自己沒有錯呀！」

我：「當妳認為自己被懲罰，妳覺得自己是什麼樣的人呢？」（**觀點→渴望，此處可以看見女孩的觀點，已是父母小時候植入的應對形成。**）

女孩：「我覺得自己很糟糕！」

我：「現在呢？發生什麼事了？怎麼會覺得自己被懲罰呢？」（**觀點**）

女孩：「好像沒什麼事需要被懲罰，只是那樣的想法存在心裡。」

我：「會覺得這樣的想法，感覺到荒謬嗎？」（**觀點、感受，釐清觀點，重整感受。**）

女孩：「現在想想覺得滿可笑的。」

我：「當妳這樣想的時候，內在什麼感覺？」（**觀點→感受**）

女孩：「現在感覺輕鬆多了，焦慮也少了很多。」

上述的案例，可以看見我在感受、觀點事件上來回探索，女孩因此覺知內在不安的緣由，與過去父母的教養有關，如今她長大了，但是過去父母應對的影響仍在，如今她長大了，可以重新為自己決定。我的對話路徑，在感受上來回探索，那是我很習慣的方式，而每一個人對話的路徑不同，基準點也帶來不同的風景，也就有了個人問話的風格。

溝通衝突的冰山探索

當親子、夫妻、師生、長官與部屬之間，雙方發生衝突，或者對他人有所要求，傳達出自己的想法，可以使用冰山圖像，幫助自己與對方理出脈絡，覺察自己的冰山，也檢驗自己的應對，是否真如自己所願？可以進一步探索自己，改變自己的應對模式。

比如孩子玩３Ｃ產品，已經玩超過時間，父母親希望孩子做功課，會怎麼跟孩子對話呢？

父母親不妨將過去與孩子互動的過程，記錄自己的冰山，並且記錄孩子的冰山。我把父子的冰山圖分別畫出，放在下頁。

以3C產品的例子而言，假設父親的應對語言是：「都幾點了，還在那裡玩，再不關掉電腦，我就再也不讓你玩了。」

孩子的應對語言：「好啦！你很煩耶！」

父親的冰山會如何呢？

事件：孩子玩3C，未去做功課。

父親的應對姿態：指責。

父親的感受：生氣、煩躁。

父親感受的感受：對自己的生氣感到無奈。

父親對孩子的觀點：孩子怎麼這麼不上進、為什麼孩子講不聽？

父親對自己的觀點：自己連孩子都教不好，真是糟糕的爸爸。

父親對孩子的期待：期待孩子能節制、期待孩子收起玩心。

父親對自己的期待：期待自己能好好說話。

父親的渴望：覺得自己不被尊重、當父親感覺很不成功，覺得自己沒有價值。

父親的自我：我不是一個稱職的父親，低自尊。

孩子的冰山如何呢？

事件：玩3C產品，爸爸叫我關掉寫功課。

孩子的應對姿態：指責。

孩子的感受：生氣、煩躁、沮喪。

孩子感受的感受：對自己的生氣感到焦慮。

孩子對父親的觀點：爸爸總是很囉唆、爸爸都不相信我、爸爸就是不准我玩3C。

孩子對自己的觀點：自己就是無法脫離3C，自己也許不值得尊重。

孩子對父親的期待：期待父親相信自己、期待父親好好說話。

孩子對自己的期待：期待自己不要沉迷3C。

孩子的渴望：覺得自己不被尊重、覺得自己沒有價值。

孩子的自我：我不是一個好孩子，低自尊。

父親的冰山

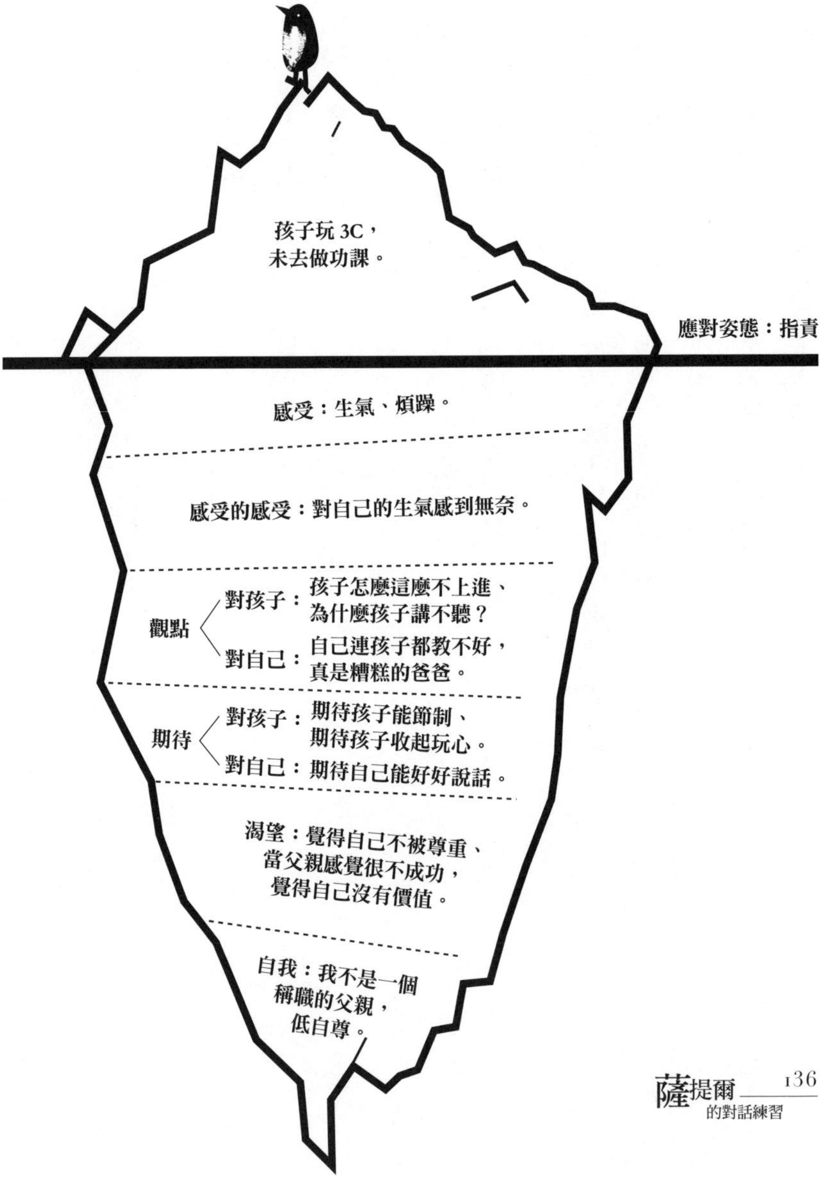
孩子玩 3C，
未去做功課。
應對姿態：指責
感受：生氣、煩躁。
感受的感受：對自己的生氣感到無奈。
觀點
對孩子：孩子怎麼這麼不上進、
為什麼孩子講不聽？
對自己：自己連孩子都教不好，
真是糟糕的爸爸。
期待
對孩子：期待孩子能節制、
期待孩子收起玩心。
對自己：期待自己能好好說話。
渴望：覺得自己不被尊重、
當父親感覺很不成功，
覺得自己沒有價值。
自我：我不是一個
稱職的父親，
低自尊。

孩子的冰山

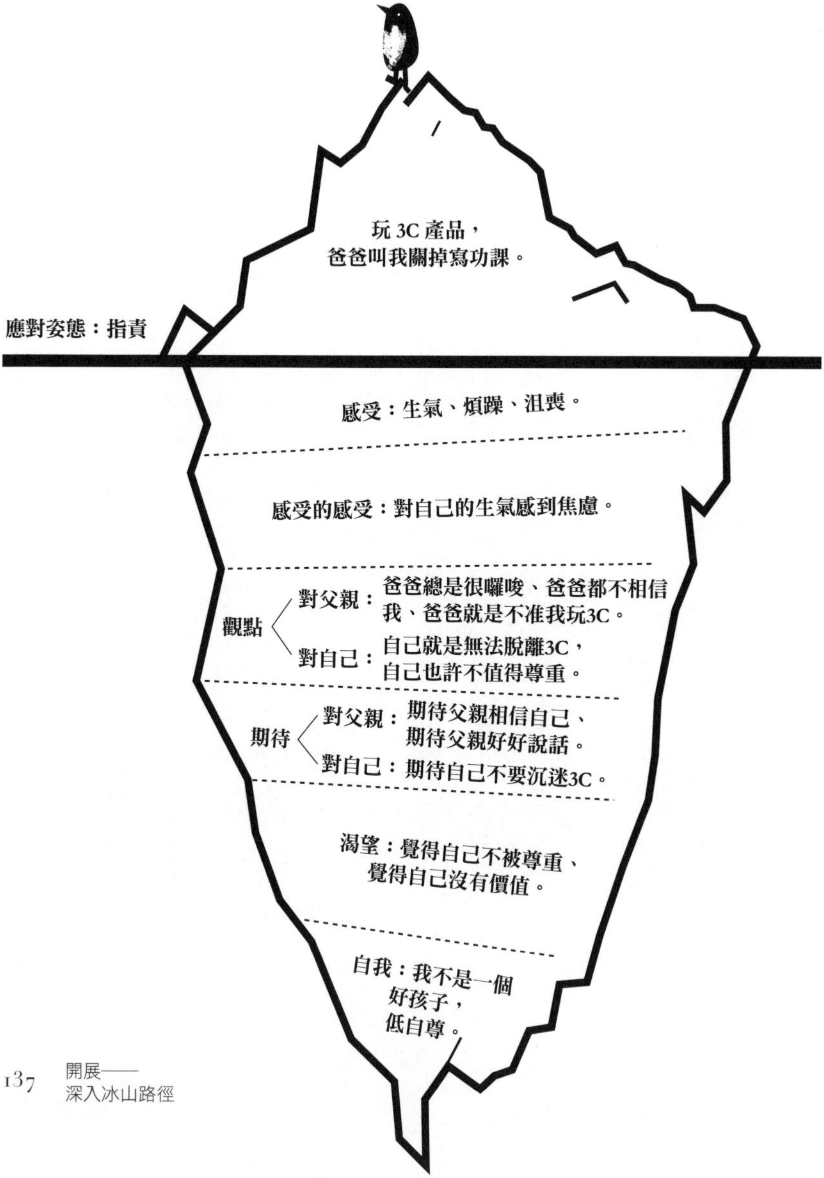
玩 3C 產品，
爸爸叫我關掉寫功課。
應對姿態：指責
感受：生氣、煩躁、沮喪。
感受的感受：對自己的生氣感到焦慮。
觀點
對父親：爸爸總是很囉唆、爸爸都不相信我、爸爸就是不准我玩3C。
對自己：自己就是無法脫離3C，自己也許不值得尊重。
期待
對父親：期待父親相信自己、期待父親好好說話。
對自己：期待自己不要沉迷3C。
渴望：覺得自己不被尊重、覺得自己沒有價值。
自我：我不是一個好孩子，低自尊。

冰山圖省思

當兩人的冰山圖出現，不妨整理一下自己，是否覺察了自己未覺察的部分？包括應對姿態、感受、觀點、期待與渴望。不妨寫一下冰山紀錄，或者寫成冰山日誌，並且回溯一下這些經驗，孩提時的自己是否有同樣經驗？

檢視一下孩子的冰山，是否如你所期待？還是朝向一個更糟糕的處境？再試著調整自己，什麼樣的應對？能讓孩子走向更豐富、更有力量、更棒的方向前進。

我在書末附了兩個冰山圖，請讀者不妨找一個事件，看看自己應對方式。冰山圖中的感受，我列出了一串，觀點的層次，我也簡單列出幾則，方便圈選核對。可檢視冰山，是否往好的方向前進？是否能達成預期的目標？可以如何進行覺察與修正？

在冰山的探索上，不妨列出多一點路徑，以事件為基礎延伸到感受、觀點、期待、渴望；以感受為基礎點延伸到觀點、期待、渴望、事件；以觀點為基礎點，延伸到冰山各層次，其他類推，進行探索自己與對方的冰山。

成長——追求自我

薩提爾模式是體驗性的模式，
著重在體驗性上，而非頭腦上的認知而已，
因此我不是說服她，也不是與她說理，
而是幫助她覺知。

以冰山脈絡對話，幫助人覺知自己，進而與自己渴望連結，並且為自己負責任。這是我打開孩子內在，與孩子連結的方式，當我更了解孩子，孩子也更了解自己了。

小玫是個美麗的國中生，內在純真外在亮麗，她不了解自己的美麗，似乎並不懂得自己。只要有人稱讚她美麗，她會回一句：「屁啦！」似乎不能接受別人稱讚。

我是小玫的老師，帶過她幾堂作文課，小玫有天主動來找我，理由是她沒有目標。很多學習對話，或者學習冰山的夥伴，希望看見我的對話示範。然而在演講現場，我示範的對話較短，不容易看見對話的全貌，因此我將兩人的對話放在後面，省略了和她談朋友的部分，只呈現與她談「目標」，但是仍是較完整的對話，並將談話的脈絡與思維，列於每一個對話之後，俾便讀者熟悉對話路徑。

與小玫的冰山對話

小玫：「我沒有目標。」

我：「妳沒有目標呀？」（重述，重述也有核對的意思。）

小玫：「對呀！」

我：「妳來找我，想要得到什麼呢？」（核對，為我們的談話設定目標。）

小玫：「我想要有目標。」

我：「妳以前有目標嗎？」（回溯她的經歷，為何提這個話題？才能了解她怎麼了？）

小玫：「有啊！」

我：「什麼時候開始沒目標的呢？」（回溯她的經歷，有助於澄清問題出在哪兒？）

小玫：「上了國中以後！」

我：「國小有目標嗎？」（核對問題發生的時間，探索發生什麼事？）

小玫：「有。」

我：「國小的目標是什麼呢？」（**核對**）

小玫：「考上好的私中！」

我：「妳達成了嗎？」（**核對**）

小玫：「我考上了呀！」

我：「國中以後就沒有目標了嗎？」（**核對**）

小玫：「對呀！」

我：「發生什麼事啦？國中沒有目標了？」（**探索具體事件，了解發生問題的根源。**）

小玫：「因為國中很無聊呀！」

我：「妳現在功課好嗎？」（**回到此刻的具體事件，她提及國小目標是考上好的私中，因此問話聚焦在功課。**）

小玫：「不太好。」

我：「考第幾名呢？上次班上段考？」（**在具體事件的細節裡確認。**）

小玫：「四十四名。」

我：「當妳考四十四名的時候，妳內在什麼感覺呢？」（感受）

小玫：「沒有什麼感覺。」

我：「什麼感覺都沒有嗎？」（核對感受）

小玫：「沒有。」

我：「妳允許自己有感覺嗎？」（觀點，探索她如何應對自己？是否和自己連結？因為一般考不好，應該感覺失落，但是她說自己沒有感覺。）

小玫：「允許呀！」

我：「妳也允許自己生氣、難過嗎？」（觀點，此處我有很多好奇，因為她說允許自己有感受，但是當考不好時，沒有感覺自己的感受。）

小玫：「允許呀！」

我：「但是妳考四十四名，沒有感覺呀？」（核對，再次確認她的感覺。）

小玫：「沒有感覺。」

我：「我們探索一下好嗎？」（感受，邀請她與自己連結。冰山的對話，路徑上有很多變化，我也經常變換著不同的對話路徑，但我最在意感受，讓對話者的思維與感受連結，是我在冰山工作中，很重要的一部分。）

我：「請妳想像自己收到四十四名考卷時，妳當時的感覺好嗎？」（感受，我邀請她體驗感受時，重述了考試的成績，這樣會比較貼近喚起感受。）

小玫點點頭。

小玫：「我就沒有感覺呀！」

我：「嗯。我只是探索一下，妳深呼吸一下，別這麼快回答我，妳已經來找我了，我們只是探索看看，可以怎麼往前走？好嗎？」（核對，我在這兒重新核對我的工作，並且邀請她緩慢，若是不緩慢下來，她的感受會被思維主宰，而不是她真正有的感受。）

小玫：「嗯！好呀！」

我：「邀請妳回想一下，妳知道自己考了四十四名，當時有什麼感覺？會生氣嗎？」（感受，再次重述事件，讓她專注體驗。）

小玫：「不會。」

我：「別回答我，我要妳經驗這個感覺，看看會有哪一個感覺？好嗎？」

（感受，通常孩子會很快速回答，快速回答意味著從頭腦理解，而不是用心體驗

情緒。）

小玫：「好。」

我：「邀請妳回想一下，當妳知道自己考了四十四名，當時有什麼感覺？會生氣嗎……會害怕嗎……會焦慮嗎……會難過嗎？」**（感受，我將各種感受羅列，提供她選擇，這是在人們體驗不到感受時，我習慣用的方式。）**

小玫：「都沒有。」

我：「謝謝妳……邀請妳再深呼吸，感覺一下，當妳考了四十四名，身體哪裡會有感覺？」**（感受，心裡的情緒感覺不到，我常讓孩子感覺身體，再回到情緒上，因為身體的感覺比較容易。）**

小玫：「胸口有點兒緊。」

我：「將手放在胸口上，感覺胸口的緊繃，可以嗎？」**（感受，接納自己的身體感覺，從身體感覺啟動被忽略的情緒。）**

小玫：「嗯！」

我：「深呼吸之後，在心裡告訴自己：『我感覺自己胸口緊繃……我願意承認胸口是緊繃的……我願意允許也接納……自己的胸口是緊繃的。』**（感受，**

這是我在《心教》一書寫的6A，主要運用在自我整理，也用在引導對話者思維與情緒整合。）

小玫閉起眼睛，身體微微顫抖，眼淚緩緩的流出來。

我：「妳流淚了，這個眼淚是什麼呢？」（感受、觀點，當她的身體說話，我引導她的意識看見情緒。）

小玫：「不知道。」

我：「妳不知道自己的眼淚呀？看來妳不大關心自己，是嗎？」（感受、渴望，看見她不了解自己，目的讓她與自己連結。）

小玫：「我不知道。」

我：「沒關係。妳深呼吸一下。」（我覺察她的思維與感受未連結，但是我還未與她訂出目標，我想先將目標訂出來，才知道我們要去哪兒，所以我請她深呼吸，緩和自己情緒，我要與她訂出目標。）

小玫深呼吸。

我：「妳想要考試考好嗎？將功課設定為短暫目標？」（核對，有目標在對話中甚重要，才知道我們要去哪兒？）

小玫：「不想。」

我：「不想以讀書為目標？怎麼說呢？」（期待，由此可見，她不是來找我解決功課，起碼思維不是這樣想，若未在此處核對期待，我們的對話就沒有方向了，可能會流於各說各話。）

小玫：「考試考好有什麼用？將來還不都是要工作？」

我：「嗯……那妳回家還有讀書嗎？讀學校的功課。」（事件，小玫談的是她的觀點，因此我看看這個觀點，是否影響了她的行為？若是內在認同這個觀點，她應該不會讀書了。）

小玫：「有呀！」

我：「妳不是不想以功課為目標嗎？怎麼回家還念書呢？」（核對，此處是挑戰她的觀點與行為，目的是帶出她的覺知，清晰地承認自己期待什麼？）

小玫：「沒辦法呀！我是學生呀！而且不讀書，媽媽會生氣。」

我：「妳每天讀書多長時間呢？」（核對，幫助她清晰，也幫助我清晰，她的冰山內在，和外在行為是否一致？）

小玫：「三個小時吧！」

我：「這麼久呀？」（**這裡我得到了一個特別的答案，因為她不想功課好，回家卻讀書三個小時，對我而言這是很有趣的訊息。**）

小玫：「對啊！」

我：「每天讀這麼久的書不累呀？」（**感受**）

小玫：「還好。」

我：「妳三個小時中，專注的時間有多久呢？」（**核對，我的好奇在於，讀三個小時書，怎麼才考四十四名呢？**）

小玫：「大概半小時吧！」

我：「半小時也滿久的，很不容易哪！有這麼久的時間呀！」（**核對，我的認知中，每天讀書半小時，應該也不會四十四名吧！因此再與她核對。**）

小玫：「應該不到吧！大概專注十分鐘吧！」

我：「那其他時間都在做什麼呢？」（**探索事件**）

小玫：「看漫畫呀！做其他事。」

我：「爸媽不會對妳嘮叨嗎？」（**探索父母的應對**）

小玫：「會呀！他們說我都沒有目標。」

我：「嗯！那我明白了。發生了什麼？妳只專注十分鐘？」（**具體事件，讓她覺知自己，也讓我了解她發生什麼事？**）

小玫：「我就會分心呀！」

我：「妳喜歡嗎？分心？」（**探索她的觀點、期待**）

小玫：「當然不喜歡呀！」

我：「那妳想要不分心嗎？」（**期待，為我們的對話歸納目標。**）

小玫：「可是我做不到呀！」

我：「我只是問妳想不想呢，沒問妳是不是做得到呀？」（**期待，與她澄清不是問觀點，而是問期待。**）

小玫：「可是我就是做不到呀！」

我停頓了下來，很緩慢的問：「小玫，當妳來找阿建老師，阿建老師有責備妳嗎？」（**渴望，與小玫辯證，讓小玫感受到我的接納。**）

小玫搖搖頭說：「沒有。」

我：「阿建老師有要妳加油嗎？」

小玫：「沒有。」

我：「因為那些對妳沒幫助。妳問我沒有目標？我是來陪妳往前走，不是嗎？」**（核對期待且連結渴望）**

小玫眼淚又流了下來。

我：「妳是不是怕自己考不好？因而也不想以讀書做目標？」**（期待，確認她的期待，我們要通往哪兒？探索她卡住的地方。）**

小玫：「不知道。」

我：「當妳考不好的時候，妳怎麼看待自己呢？」**（觀點：前句探索她卡住的點，她尚未有覺知，此問句已連結感受，再回到對自己的觀點，比較容易得到答案，這是冰山對話的奧妙。）**

小玫此刻又流淚了：「覺得自己很糟糕。」

我：「妳的眼淚是什麼？是難過嗎？」**（感受，我要整合她的自我，先讓自己的觀點與感受連結。）**

小玫：「應該吧！」

我：「妳難過什麼呢？」**（感受，再次讓觀點與感受整合。）**

小玫：「我就是做不到，覺得自己很差勁。」

我：「妳主動找我詢問，妳不覺得自己很勇敢嗎？」（**渴望，連結她的資源，讓她看見自己。**）

小玫搖搖頭：「不覺得。」

我：「學校那麼多人聽我演講，上過我的課，只有妳一人來找，妳不覺得自己有創造力，也很勇敢嗎？」（**渴望，連結她的資源，讓她看見自己。**）

小玫：「有嗎？」

我：「我覺得有呀！但是看來妳對小玫不大肯定，怎麼會這樣呢？」（**渴望，讓她看見自己，並且挑戰她。**）

小玫：「我不知道。」

我：「沒關係。我很肯定妳。現在我想問妳，願意專注嗎？願意試試看，功課如何好一點兒，妳要嗎？」（**期待，重新核對與確認目標。**）

小玫說：「做不到怎麼辦？」

我：「我還是會陪妳呀！妳可以考驗我呀！考驗妳功課不好時，試試看考爛一百次吧！看看我是否會罵妳、笑妳，或者跟妳說道理，若是我這樣做了，妳是自由的呀！妳可以不要再來找我。」（**渴望，讓她感到被接納，也讓她意**

識到自由，為自己做決定。）

小玫停頓沉默。

我：「妳要嗎？」**（期待，確認目標。）**

小玫點點頭說：「好。」

傾聽被掩蓋的聲音

我和小玫的對話很順利，她是個美好的孩子，但是她卻與自己脫節了，未真正貼近自己、理解自己，當她一再讓自己失望，也讓父母失望，但是她不能承認這部分。一旦承認這部分，她可能會陷入更無助，更批判自我的狀態，所以頭腦繞過了感受，也就繞過了真實的自我，用生存法則應對：打岔。

她的內在聲音就成了：**不想要讀書，我沒有感覺，隨便啦！**

她的理智說：**要找一個目標**。

她理智隱藏的內心戲：**我就是讀不好書，我是個糟糕的女兒，不成功的學生**。

但小玫真正的聲音呢？那個被掩蓋的聲音，無能承認與覺知的聲音，最真實貼近自己的聲音：**我想要好好努力，但是我擔心自己做不到，不知道該怎麼辦？**

當我幫助她覺知自己，她的感受被承認了。起初感受離她甚遠，她無法感受自己的狀態，也許她不允許自己難過，但是頭腦卻說允許自己難過，這是生存法則的應對。

在對話中她逐漸覺知感受，從身體的感受覺知，再到心靈的感受，她開始打開眼淚，也慢慢承認期待落空，到接納自己、看見自己。

當她可以接受自己失敗，她就可以給自己機會。她是個學生，我們的對話從沒有目標↓國小的目標↓不重視國中課業↓接觸失落的感受↓與渴望連結↓為自己設定目標。

心智整合一致了，目標也確立了，便能討論適合她的讀書方式了。

薩提爾模式是體驗性的模式，著重在體驗性上，而非頭腦上的認知而已，因此我不是說服她，也不是與她說理，若只是想以道理說服，她的問題仍然存在。

接下來的對話，我不再呈現細節，僅就我協助她的方式，陳述我的想法與方式。

設定做得到的目標

我邀請她讀書時間縮短，每天專注讀三十分鐘，詢問她這樣適合她嗎？她起初覺得三十分鐘太短，但是我邀請她檢視自己，過去讀書三小時，大部分都在虛耗時間，就算是看漫畫也不安心，何不專注讀三十分鐘呢？剩下來的時間自由分配，等到自己上軌道了，再往上增加讀書時間，她同意了這個想法。

我邀請她設定鬧鐘，將三十分鐘分兩階段，每次讀書十五分鐘，最好在讀書時設下鬧鐘，鬧鐘響了就請她休息。

十五分鐘的讀書，因為時間並不長，所以壓力比較小，也容易全程專注。我邀請她十五分鐘內專注讀什麼都行，哪怕是一個英文單字，一題數學，一頁社會，都提醒自己專注。

她的數學表現不佳，我邀請她計算有把握的題目，但是只算懂得的題目。有一點兒困難，但是也許能弄懂的題目，圈起來去問同學，甚難懂的題目請她放棄，如此不會只為了一題數學，演變成苛求完美，想要每一題都學會，那真會應了一句話：「為了一朵玫瑰花，而放棄一片森林。」最終招致沮喪與無奈。

我邀請她將每天三十分鐘的讀書，以筆記本記錄下來。比如八點～八點十五分：七個英文單字。八點三十分～八點四十五分：一題數學。

我邀請她這樣進行的原因，來自於我過去的經驗。

我國中時功課不好，愈是逼近大考，我內在愈是焦慮，成績始終無法提振。老師與父母耳提面命，對我而言都是壓力，說再多的道理也無用，因為我一讀書就分心，甚至連拿起書本都沉重。

但我的內心存有希望，我始終要自己加油，跟自己說課後要好好念書。我每次都暗下決定：「晚上要讀書三小時。」

但是我始終沒有認真讀書。為什麼呢？因為我進度落後太多，各科都有困難，累積大量的課業，想到就覺得壓力大。雖然下決定讀三小時，課後一回家面臨壓力，我始終東摸西摸，就是提不起勁兒來，摸個半小時過去，就會責備自己，怎麼又浪費時間了，今天就算了吧！明天再好好讀書吧！若是怠惰未讀書，被父母責罵了，我的內心戲碼就是：「今天心情不好，不想讀書了。」

這些日復一日的戲碼，將我折磨得困頓極了，我無法連結自我價值，且陷入自我責備的陰影，曙光從來不曾出現，即使出現了也是剎那，瞬間又被黑暗吞噬了。

為小玫設定的計畫，是一個合理的計畫，她不需太費力就能實踐。我曾在《心念》一書，寫過〈行動力〉：為自己插一朵山茶花，概念即來自於此。每天為讀書做紀錄，彷彿為自己的成果紀錄，睡覺前看了都會覺得「今日值得」，這是冰山中的「渴望」，內在的感受便會安穩，踩著每個「一日值得」，只要成為一種慣性，會慢慢形成自己的紀律。

課後讀書對無慣性的人，是一種巨大的壓力，尤其是功課已經落後太多的人。除了在對話中釐清，協助她喚起生命力，我邀請她回家讀書前，進行三次壓力冥想。

壓力冥想的內涵，已收錄於《心念》一書，我不再重新呈現。我現場帶領小玫，引導她進行壓力冥想，通過冥想的小玫，落下不少眼淚，小玫表示那是感動的眼淚，感動自己能突破壓力區，勇敢奮力的往前奔跑。

我每週看小玫的紀錄，連續看了三週的紀錄，她的學習很規律，還增加了零散的時間用功，我替小玫感到開心，小玫也覺得內心踏實多了。小玫即將段考了，她為自己設了三十名的目標，我幫她修正為四十名，我邀請她別著急，維持小小的步伐前進，不要以太高的期待催逼自己。

小玫段考來臨前，我恰好腿斷了，在家修養了三週。再見到小玫時，感覺她穩定多了，肩膀似乎更開展了，她段考成績出爐，名次上升至二十四名，數學進步了三十多分，我為小玫感到開心，她是個勇敢的女孩，她值得為自己喝采，我也為她感到驕傲。

小玫的回饋

我現在對讀書非常有熱忱，每天都能專注讀書三到四個小時，因為我有了目標。謝謝阿建老師，教我如何專注，且訂下一個自己容易達成的目標，比較能夠實現。

渴望——
與自己對話

人的心智在生存模式之下，讓人不覺知「自己」，
一旦覺知「自己」，就能為自己負責任，
無論做什麼選擇，都是為生命本身服務，就會是好的選擇。

冰山的對話，並非說服人改變，而是讓人覺知，為自己負責任，這和說服人改變不同。人的心智在生存模式之下，讓人不覺知「自己」，一旦覺知「自己」，就能為自己負責任，無論做什麼選擇，都是為生命本身服務，就會是好的選擇。

很多人誤解對話的本質，遇到孩子出現問題，想透過對話改變孩子，忽略了彼此應盡的責任，忽略自己如何覺察感受、觀點與期待，忽略和自己的渴望連結，並且與孩子內在連結，才能了解孩子的問題，協助孩子度過難關，為自己負責任。若是父母一味執著「應該」如何，只是想滿足自己的期待，卻不知道自己期待、觀點的由來？讓生命的流動卡住，無助於孩子也無助自己。

若是透過冰山探索自己，也探索孩子，生命就會攜手往光明之處，因為薩提爾模式的精神，就是尊重、相信生命的成長。

焦急母親的冰山

我前一篇呈現小玫的對話，此處要呈現的是家長，我與一位媽媽的對話。

媽媽遇到的問題，是十九歲的女兒要休學了，媽媽不斷打電話求助，希望我跟女兒談話。媽媽在電話那頭很焦慮，說話急促又生氣，抱怨女兒突然的決定，又抱怨女兒不堅持。她希望女兒回心轉意，好好將大學讀畢業，責怪女兒這麼任性？

我答應媽媽的要求，前提是女兒願意來談話，而不是被媽媽逼來，因為女兒十九歲了，十九歲當然可以決定休學。況且媽媽誤解了，我的談話並非滿足媽媽期待，而是讓女兒為自己負責。

但是女兒不願意前來，無奈的媽媽只好自己來見我。然而媽媽很疑惑，是女兒休學呀！為何要和媽媽談話呢？

薩提爾女士曾說：「問題不是問題，如何面對問題，才是問題。」

女兒休學本身不是問題，媽媽應對女兒的方式，那就是個問題了。

以下是我們的對話，我在每個提問的後面，標註冰山的各層次，謹供讀者參考：

我：「我們要談女兒的休學，此刻妳有什麼感受？」（感受）

媽媽：「喔，我現在不太能呼吸，要用一點兒力氣，才能吸入空氣的感覺。」

我：「妳能感覺到身體嗎？此刻，當妳說不太能呼吸？」（感受）

媽媽：「嗯，肩膀有點兒緊，胸口很悶很悶。」

我：「我邀請妳，專注感覺身體的訊息，肩膀的緊，還有胸口的悶，並且接納它，妳可以嗎？」（感受、渴望）

媽媽閉起眼睛，手放在胸口處，深深呼吸了，接著說：「我現在很想哭。」

我：「妳接受自己哭嗎？」（觀點）

媽媽：「但是我已經哭了好幾天。」

我：「妳哭了很多天了呀？」（行為）

媽媽點點頭：「嗯！」

我：「妳知道自己的眼淚在表達什麼嗎？」（觀點）

媽媽：「一種無助感。」

我：「妳能感覺這無助感嗎？此刻……」（感受）

媽媽做一個喘不過氣的表情：「我只要一感覺無助，全身就快軟掉，不太能夠呼吸。」

我：「還有別的感覺嗎？」（感受）

媽媽：「還有什麼感覺呢？」

我：「當妳接觸無助時，有其他的感覺嗎？比如生氣、害怕、緊張、無力、難過或者沮喪。」（感受）

媽媽停頓了一下，彷彿經驗自己：「這些感覺好像都有！」

我：「哪一個比較多？」

媽媽停頓了一下：「我分不太出來，好像每一種都很多。」

我：「那說說妳的生氣！氣什麼呢？」（感受、觀點）

媽媽：「我氣女兒不讀書，她竟然要休學。好不容易考上大學，她竟然要辦休學。」

媽媽說完，似乎累積很久的情緒釋放，忽然掩面大哭。

我停頓了一下：「還有氣別的嗎？」（感受）

媽媽：「我氣自己沒有教好她。」

我：「那妳害怕什麼呢？」（感受）

媽媽：「我怕她將來會完蛋。」

我：「還有害怕別的嗎？」（感受）

媽媽：「我還會害怕什麼呢？」

我：「我不知道妳的害怕。比如也害怕她的未來、害怕她的現狀、或者害怕自己的失敗？」（感受）

媽媽：「害怕自己不是個好媽媽，我是個失敗的媽媽。」

我：「妳怕自己是失敗的媽媽？妳做了什麼呢？說自己失敗？」（觀點）

媽媽：「我用了各種方式，跟她分析休學的後果，但是她就是要休學。」

我：「妳知道她休學的原因嗎？」（觀點）

媽媽：「她說這個科系她沒興趣，但是我覺得是她不認真，功課壓力比較大。」

我：「這個理由妳聽起來不接受？」（觀點）

媽媽：「當然不接受呀！我很生氣呀！她根本就是不能面對困難。」

我：「那妳怎麼對她表達生氣？」（應對、姿態）

媽媽：「我先是罵她呀！又不想對她發脾氣，只好再忍耐生氣，好言相勸。結果她都不聽呀！所以我又罵她。」

我：「那她改變了嗎？」（**期待**）

媽媽：「就是沒有改變呀！我也不想對她生氣呀！」

我：「提到妳對她的生氣，此刻妳有什麼感覺？」（**感受**）

媽媽：「我感到難過！我難過自己沒辦法幫助她。」

我：「即使她要休學，妳還是愛她嗎？」（**渴望**）

媽媽：「當然愛她呀！」

我：「在面臨休學這件事，妳展現的是愛她？還是生她氣呢？哪個才是她媽媽呢？」（**觀點**）

媽媽：「兩個都是呀！」

我：「兩個都是她媽媽呀？她不困惑嗎？」（**觀點**）

媽媽：「我也很困惑、混亂呀！但是我沒辦法呀！她怎麼可以這樣呢！我怎麼做都沒有用！」

我：「妳女兒呢？她怎麼面對妳的困惑混亂？」（**應對**）

媽媽：「她就不說話了呀！乾脆不回家，不接我電話呀！」

我：「聽起來她將妳當壓迫者，她不想和壓迫者接觸，是不是這樣呢？」（**應對**）

媽媽：「可是我是她媽媽呀！」

我：「但是她感覺不到媽媽的支持與愛。」（**渴望**）

媽媽哭了。

我：「此刻妳怎麼了？」（**感受**）

媽媽：「我很愛她呀！難道她不知道嗎？」

我：「那妳了解她嗎？」（**渴望**）

媽媽：「那她了解我嗎？她想過我這麼辛苦？她想過我付出多少嗎？」

媽媽痛哭失聲了。

我：「妳希望她了解妳是嗎？她會不會也希望妳了解她？兩個人都在求對方了解？那誰應該去了解對方呢？」（**渴望**）

媽媽：「難道是我要先了解她嗎？」

我：「我不知道呀！妳想先了解她嗎？聽起來妳想解決問題，而且妳比較

年長，她是妳教導出來的。」（期待）

媽媽：「為什麼又是我？為什麼總是我犧牲？我已經犧牲這麼多了？為什麼？」

我：「妳曾經為了什麼而犧牲呢？」（觀點、渴望）

媽媽：「我上大學的時候，爸爸出車禍癱瘓了！我媽說家裡錢不夠，希望我休學先工作，因為我是大姊，所以我就休學了。」

媽媽的哭聲裡面，帶著憤怒與委屈。

我等了她一會兒問：「當時妳犧牲了是嗎？」（觀點）

媽媽點點頭：「嗯！」

我：「但是妳女兒此刻是自己願意的，並沒有讓妳逼迫呀！妳聆聽她的心聲，怎麼是犧牲呢？聽起來妳希望女兒犧牲是嗎？」（觀點）

媽媽停頓了一下：「我不希望她和我一樣犧牲。」

我：「妳有生妳媽媽的氣嗎？」（感受）

媽媽哭著說：「我怎麼可以生她的氣？她已經夠辛苦了。」

我：「可不可以生氣？跟有沒有生氣？那是兩件事。妳有生她的氣嗎？」

（觀點）

媽媽點點頭：「我應該有生她的氣！」

我：「妳還沒原諒她嗎？」（渴望）

媽媽搖搖頭說：「我不知道。」

我：「聽起來妳有一個未了的情結，這個未了的情結和女兒此刻有關嗎？」（期待）

媽媽搖搖頭說：「我不知道。」

我：「但是我現在看起來，妳在強迫女兒犧牲呀！因為她想休學，但她若是為了妳休學，那才是犧牲自己不是嗎？犧牲了自己的意願。妳和當年媽媽的做法，會不會是一樣的呢？」（觀點）

媽媽沉默不說話，似乎在思索著什麼？

我：「妳此刻內在發生什麼？」（感受）

媽媽：「感覺比較鬆開，有一道光進來的感覺。」

我：「那是什麼呢？」

媽媽：「我也不知道。但是……好像看見自己的一種感覺。」

我：「看見自己怎麼了？」（渴望）
媽媽：「好像不是那麼可憐！」
我：「妳以前覺得自己可憐嗎？」（觀點）
媽媽：「嗯……」
我：「剛剛發生了什麼？妳怎麼會突然鬆開？」（感受）
媽媽：「當老師說她如果為我休學，那才是犧牲自己的時候。我好像看見當時休學，自己心裡有一股聲音，其實很清楚會是怎麼樣？但是我忘記那股聲音了。」
我：「那是什麼聲音呢？」（渴望）
媽媽的聲音聽起來堅定：「那個聲音是『我一定會完成學業。』」
我：「當時是什麼掩蓋住這個聲音呢？」（觀點）
媽媽：「對媽媽的生氣，還有覺得不公平。」
我：「但是妳剛剛說了，當時不可以生媽媽的氣呀？妳怎麼知道是這個掩蓋了呢？」（觀點）
媽媽：「剛剛老師問我的時候，我突然知道自己在生氣，還有我只是不想承認而已，但是我一直都在生氣，覺得這一切不公平。」

我：「這個發現對妳而言有衝擊嗎？」（**感受**）

媽媽：「很大的衝擊，很大的震驚，然後是鬆開的感覺。」

我：「當時妳休學多久又復學呢？」（**事件**）

媽媽：「只有一年而已。」

我：「妳是怎麼辦到的？」（**渴望**）

媽媽：「我當時找了一份晚上的工作，還去接了翻譯，我很認真的工作，賺得比白天還要多。」

我：「妳會怎麼看待休學的那一年？」（**觀點**）

媽媽：「那一年我長大更多，英文能力進步更快，更會利用時間，我覺得自己成長很多，怎麼可以這麼了不起？」

媽媽說到這兒，眼淚泛出來了。

我：「當年那個犧牲的女孩，為了家庭去打工，妳會對她說什麼？」（**渴望**）

媽媽開始啜泣，過了好一會兒，媽媽緩緩的說：「妳很了不起，妳知道自己可以的，因為妳很努力的幫助家裡。妳知道自己在做什麼，妳不是被命運安排的人，妳幫助家裡度過難關……」

我：「妳會對這樣的自己欣賞與感激嗎？」（渴望）

媽媽流出眼淚點點頭。

我：「那請妳對當年那個女孩說。」（渴望）

媽媽：「對自己嗎？」

我：「嗯！對當年那個女孩，說說妳的欣賞與感激。」（渴望）

媽媽：「謝謝妳，妳怎麼可以這麼了不起……妳是一個這麼努力的女孩……」

我：「當年這個女孩有創意嗎？」（觀點）

媽媽點點頭：「有。」

我：「當年這個女孩禁得起挫折嗎？」（觀點）

媽媽說：「當然。」

我：「這個女孩長大了，她要面對女兒的學業問題，她也會有創意面對嗎？也會允許女兒有創意的走一條自己的路，而不是一個犧牲的人？她會坦然

面對期待落空的挫敗嗎？」（觀點、渴望）

媽媽深深吸了一口氣說：「她是個好媽媽，是個有創意的媽媽。她可以是一個有彈性的人。」

我：「那妳怎麼看女兒的休學呢？當年的女孩也休學了，如今成為一個出色的媽媽。雖然情境不一樣，妳會怎麼看呢？」（觀點）

媽媽：「我比較放鬆了，沒那麼著急了。雖然我不想她休學。」

我：「現在呢？關於女兒的休學？妳打算怎麼面對？」（應對）

媽媽沉默了一陣子：「老師，我還是覺得她有點兒可惜耶！我當初是想要好好讀，現在她有這麼好的機會，竟然考上了還給我休學。」

我：「妳可以覺得可惜呀！妳可以怎麼理解女兒呢？」（觀點）

媽媽：「老師，好奇怪喔！我現在好像比較理解她耶！她有自己的想法，雖然我還是覺得可惜，但是我覺得她不會這麼笨，不會笨到放棄人生。只是休學而已，她遇到的困難，應該會想辦法突破吧！跟當年的我一樣。」

我：「妳可以怎麼支持她呢？也可以好好表達自己？而不是討好她？」（應對）

媽媽：「我沒有討好她。我真的可以接受了，我會問問她需要我幫什麼忙？看她休學想要做什麼？我可以幫助她什麼？」

我：「妳的轉變怎麼這麼快？」（渴望）

媽媽笑了：「我也不知道。我就是很愛她呀！」

我：「妳的看法改變了，期待改變了？發生了什麼？妳突然想通了什麼？」（觀點、期待）

媽媽吐了一口氣：「我也不知道……大概我看到自己吧！自己有想法的，女兒也有想法，但是我沒看見女兒的想法，我太不相信她了，我怎麼會這麼不相信她呢？好奇怪……」

媽媽說到這裡笑了。

我：「妳現在深呼吸一下，感覺一下自己。」（感受）

媽媽深呼吸之後說：「我感覺體內有光了。身體感覺很輕鬆。很想跟女兒說我愛她，我會陪她，她已經十九歲了，可以自己做決定了。我十九歲的時候，已經做三份工作了。」

我：「妳還是覺得她很可惜嗎？」（觀點）

媽媽停頓了一下：「還是有一點兒，但是我可以接受，我可以好好和女兒談了，她決定要休學，我不會那麼生氣焦慮了……唉……」

我：「妳嘆了一口氣，這是什麼呢？」

媽媽：「本來很簡單的事情，我怎麼弄得這麼複雜，休學也沒什麼大不了的呀！老師你大學還不是考五年……」

媽媽的焦慮減緩了，變得有幽默感了。

與孩子的期待同步

我邀請媽媽深呼吸，覺察一下身體與內在，媽媽回饋身體感到放鬆了。

這一次的對話，透過女兒的事件，探索了媽媽的感受，媽媽能接觸自己的感受，但媽媽的感受很豐富，在對話中媽媽覺察更多感受，釐清她的憤怒有幾個部分，其中她覺察了未滿足期待的部分，她最大的失望與憤怒，和她生命中未了的情結有關。女兒的休學事件，觸動了媽媽生命中未了的情結，那兒有媽媽的憤怒，有媽媽的失落，還有媽媽的資源，但是媽媽並未整合自己，因此當女兒要休學了，和媽媽的期待不同，媽媽就看不見孩子了，無法跟孩子站在一起，陪伴孩子思索該如何應對？

我與媽媽的對話中，這句話是一個轉折的關鍵：「**但是妳女兒此刻是自己願意的，並沒有讓妳逼迫呀！妳聆聽她的心聲，怎麼是犧牲呢？聽起來妳希望女兒犧牲是嗎？**」

這句話是從觀點切入，這個轉變從媽媽不想自己犧牲，也不想女兒當犧牲者轉變，打開了她連結自己的渴望，也連結了女兒的渴望。當年的她渴望被愛，被關懷而不是犧牲，這部分連結了女兒，媽媽和女兒的渴望在此連結。媽媽也從這個「犧牲」的事件，連結了自己的資源，逐漸從自己的渴望處打開，對女兒的休學事件，就有了比較舒緩的開展，轉變也就會出現了。

媽媽看過文字紀錄後，我邀請她寫了一段回饋放在後面。

媽媽的回饋

看這一篇紀錄，我心裡還是很激動，好像回到那個時候，我要深呼吸好幾次才敢看，好像做了一場夢。

那時候女兒不去談話，結果老師要我去談話，我以為老師要教我技巧，教我怎麼跟女兒說話，老師竟然一句也沒有提，反而都在談我自己，怎麼會這樣？

真不知道那時自己怎麼了？好像慌了手腳。那時候我怎麼這麼著急，對女兒都不相信了，不想知道她的想法，也不想知道她發生什麼？也不是去想要幫她？好像都是在想自己該怎麼辦？現在想一想很丟臉，但是老師說要欣賞自己，我又覺得自己很勇敢，敢跑去向老師求救，現在女兒研究所都畢業了，也有好的工作了，我只要陪著她就好了，根本不會有什麼問題，我那時心裡實在太著急了。

連結——手足間的冰山

當對話者將脈絡聚焦在一種情緒、一個事件、一個觀點，或者一個期待上頭，就能幫助對話者，從紛亂的思緒、感受與事件中，釐清一個真正在意的原因。

常有父母問我，孩子總是吵吵鬧鬧，甚至彼此互相爭吵，該怎麼處理？

爸媽面對孩子打鬧，應有一個基礎概念：除非必要時刻，最好別當判官。左右都是自己的孩子，父母當判官的原意，是想主持公道，讓孩子明辨是非，這兩個方向都是善意，但兩者都很困難達成。**手足吵架的時刻，父母常看見的是：冰山上層的「事件」，甚少了解孩子內在怎麼了？**

父母該怎麼處理呢？最重要的是接納這個狀況，再以對話探索孩子，幫助孩子覺察與負責任。但父母的成長也有侷限，面對人們衝突的處理，往往比一般應對更困難，更需要慢慢學習。

二〇一六年九月號的 *TIME* 雜誌，刊登一篇童年手足爭吵的資訊。受訪的不乏企業CEO，童年幾乎都與手足打鬧，有趣的是父母並不責罵，也很少介入手足衝突，因為孩子打打鬧鬧，有時候雖然激烈，若是家庭和諧，孩子爭執打鬧不會有危險。隨著年紀漸漸長大，手足之間感情和睦，而童年的爭執，也成了他們懂得競爭的一部分。

手足之間的爭吵，很多家庭天天上演，的確讓父母傷透腦筋。

面對孩子爭執，若是父母要介入，不是審訊犯人，也不是判斷對錯，而是出於對孩子的關心。冰山模式的對話，能進入孩子內在，了解孩子發生什麼？

探索冰山的各層次，能協助一個人了解自己，幫助自己了解對方，也協助孩子彼此了解。**父母應有的觀念，不應以解決問題為目標，而是每一次對話，關心與了解孩子的內在。**

手足間的小紛爭

美好的週日假期，我與一個家族不期而遇，家族共有六個孩子，其中兩個孩子是我的學生。

幾個孩子很歡樂，聚集在麥當勞速食店，彷彿舉辦Party，薯條堆得像一座金黃小山，孩子們的笑聲洋溢。孩子們飲食有其方式，薯條被倒空的盒子成了醬碟子，盛著擠出的紅色番茄醬，豐盛的歡樂瞬間滿溢。

這個歡樂的場面，迅速就變了調。

十歲的小桐擠番茄醬，番茄醬包不慎爆開，醬料朝十二歲的哥哥噴射，小雷新衣瞬間鮮紅一線。

小雷一聲尖叫，不小心弄翻了可樂，可樂倒在爸爸身上，爸爸很不開心的吼了一聲。媽媽在一旁手忙腳亂，歡樂的氣氛頓時變了⋯⋯。

媽媽撿起翻倒的可樂，遞餐巾紙給爸爸，要一旁的小桐不要再鬧了，並且忙著拿紙巾擦拭小雷的衣服。

阿姨不斷說著：「沒事！沒事！只是番茄醬而已。」

爸爸生氣的罵著：「怎麼那麼不小心。」

小雷的表情僵硬，一副山雨欲來的模樣。

媽媽慌慌張張善後，一面安撫爸爸：「小雷不是故意的。」

媽媽一面告訴小雷：「沒事了！沒事了！」

小雷很生氣的說：「我的衣服都髒了啦！今天才第一次穿。」

媽媽又趕忙說：「沒關係啦！洗一洗就好了。」

小雷很生氣的說：「每次都這樣！」

媽媽急著當和事佬：「弟弟不是故意的啦！」

小雷更生氣的說：「他就是故意的！」

只想解決問題的媽媽

我知道媽媽關心小雷，媽媽說沒關係，但是小雷很有關係。一旦媽媽說沒關係，小雷就會感到更生氣，而且媽媽也感到煩躁。

我與媽媽聊過教養，媽媽不止一次抱怨，小雷與小桐很調皮，常為了小事爭執，無論如何都擺不平。直到父母動怒了，兄弟兩人才停止，但是家庭氣氛很僵，兄弟兩人曾經為了小事，兩人誰也不理誰，竟然整整一個月不講話。

如今小桐闖禍，將番茄醬噴在小雷身上，一場無端的風暴即將來襲，低氣壓瞬間籠罩。

小雷生氣極了，對著小桐怒目而視，小桐則假裝沒看見，轉臉和一旁的表妹說話。媽媽在一旁說：「沒事了！沒事了！弟弟又不是故意的。」

媽媽拿著紙巾幫小雷擦拭，刻意將小雷帶到門邊，應該是為了冷卻小雷的生氣吧！豈知小雷用手搥桌子一下，拉開玻璃門跑出去了。

眼看爸爸就要發飆了，媽媽、阿姨慌亂的善後，又要安慰在場的眾人。

這是家常的一幕，不妨檢視成人的應對，是否都是在安慰？只是想解決問題？而且都在冰山的表面↓「行為」層次對話？

我是小雷的作文教師，雖然是不期而遇，但是我挺了解他，知道他雖然易怒，但是內在很善良，我想協助他澄清自己。我看著小雷走出門外，媽媽想要跟上去呢！我跟媽媽示意，讓我來吧！

以下是我和小雷的對話，我將對話的內容，以冰山各層次標示出來，再另闢文解釋，冰山如何形成？為何冰山層次的對話，有助於讓孩子了解自己？也有助於兩個人彼此靠近？

冰山模式的介入

小雷靠在門邊的牆壁，很生氣、委屈的發洩，不斷的咒罵著，手使勁搥著牆壁。

我走近他身邊，只是靜靜的在一旁。他知道我在旁邊，我讓安靜成為旋律。他正經歷突如其來的憤怒，停頓有助於他冷靜。

一兩分鐘之後，我輕拍小雷的背說：「小雷……你很生氣吧！」（感受）

小雷嘟著嘴不說話。

我繼續說：「要是我穿新衣被噴，我也一定氣死了。」（**感受**）

小雷說話了：「他每次都這樣！我回去不會放過他。」

我核對他的感受：「你生氣是因為……他每次都怎麼樣呢？拿番茄醬噴你嗎？」（**感受、行為**）

小雷停了一下，忿忿的說：「他每次都故意搗蛋。」

我聆聽了以後，回應小雷：「如果遇到故意搗蛋的人，真的是讓人不舒服。不過小桐是故意搗蛋呀？」（**感受、觀點**）

小雷忿忿不平的回應：「對呀！我上次澆花的時候，水不小心潑到他，他以為我是故意的，所以今天就故意噴我。」

「你上次不小心潑到他呀？」（**行為**）

小雷說：「對呀！水管突然失控了，水就噴到他身上了！」

我問：「那你是故意的嗎？」（**觀點**）

小雷說：「我不是故意的呀！」

我問：「弟弟相信嗎？」（**觀點**）

小雷說：「弟弟不相信呀！所以他這一次就故意噴我。」
我問：「弟弟不相信你，你那時會生氣嗎？」（感受）
小雷說：「我一直說不是故意的，他就不相信呀！」
我問：「那你會生氣嗎？還是會難過、擔心……」（感受）
小雷說：「會呀！我會生氣呀！」
我問：「生氣什麼呢？」（感受）
小雷停頓了一下，才緩緩的說：「生氣他不相信我。」
我停頓了一下，很緩慢的問小雷：「當他不相信你時，你有什麼感覺呢？」（感受）
小雷也停頓了，慢慢的說：「難過……」
我問：「難過什麼呢？」（感受）
小雷說：「為什麼他這麼不相信我？」
我問：「那讓你很沒有價值？是嗎？」（渴望）
小雷回答：「我是他哥哥！為什麼他不相信我。」
我問：「你希望他相信你嗎？」（期待）

小雷理所當然的說：「當然希望呀！」

我問：「如果他相信你，你會有什麼感覺，或者想法呢？」（**感受、觀點**）

小雷停頓很久才說：「當然會覺得比較好……因為自己被相信……」

我問：「但是他不相信，因此你覺得被冤枉，不被信任對嗎？」（**觀點、渴望**）

小雷說：「對呀……」

我問：「這一次你認為他是故意的呀？你怎麼知道呢？」（**觀點**）

小雷說：「他一定就是故意的呀！」

我問：「你要怎麼求證呢？」（**應對、觀點**）

小雷說：「他就是故意的呀！」

因為小雷並未正面回答我，我繼續探索：「嗯！那你怎麼求證呢？你願意聽他說說嗎？就像你希望他聽你解釋一樣？」（**觀點、期待**）

小雷突然沉默了。

我再次核對：「你要問問他嗎？當初你被誤解並不舒服。現在呢？有什麼

方法，可以不誤解他？」（感受、期待）

小雷點點頭，表示願意問問小桐。

我再次核對：「那我請小桐來問問好嗎？」（期待）

小雷再次點頭了。

我進入速食店，請小桐來到小雷前面。小桐像做錯事的孩子，安靜的站在哥哥前面。

我問小桐：「你現在還好嗎？」（基礎提問）

小桐搖搖頭。

我看小桐有點兒畏懼，問小桐：「怎麼啦？你會害怕嗎？」（感受）

小桐點點頭。

我問小桐：「你怕什麼呢？」（感受）

小桐停頓了一下，才慢慢的說：「怕哥哥會罵我。」

我拍拍小桐的肩膀，跟小桐澄清：「哥哥想知道，你剛剛的行為，是不是故意的？」（行為、觀點）

小桐搖搖頭，聲音帶點兒顫抖，很柔軟的向哥哥道歉：「哥哥，對不起，我不是故意的。」

小雷的頭沒有抬起來。我停頓了一下子，問小雷：「你相信弟弟的話嗎？」（**觀點**）

小雷停了好一會兒時間，終於點點頭。但是小雷接著說道：「那天不小心潑水，讓你衣服溼了，我也不是故意的。」

我問小桐：「你相信哥哥說的嗎？」（**觀點**）

小桐漲紅著臉，眼淚已經泛出來，很委屈的表情說：「我知道你不是故意的啦！我是故意說不相信而已……」

我接著問小桐：「你的眼淚是什麼呢？是難過嗎？」（**感受**）

小桐點點頭。

我問小桐：「你難過什麼呢？」（**感受**）

小桐嗚嗚的哭了起來：「我真的不是故意的，哥哥，對不起……」

我繼續問小桐：「你難過自己不小心嗎？」（**感受、觀點**）

小桐點點頭，眼淚不斷的滑下，鼻涕也流出來了，仍然對小雷說：「我也不是故意不相信你，我一開始就相信了……」

聽小桐這麼一說，小雷眼眶也紅了，過來拍拍弟弟的肩膀：「我相信你啦！是我自己不好，我對你太沒耐性了，我也不是故意的……」

兄弟之間在最後的兩句話，彼此的渴望連結了，都能看見彼此的誠意，也能接納彼此。

就在速食店的街道，時間彷彿暫時凍結了，兄弟兩人都哭了。

也許這個場景很動人，我注意還有一個人哭了，剛剛一直像陀螺般的人，站在門的旁邊擦眼淚，那是兩兄弟的媽媽。

冰山對話的解說

小雷被小桐噴了番茄醬，是「行為」、「事件」的層次，不只是冰山的一角，也只是行為的一角。

透過冰山的對話，進入小雷的感受、觀點探索，我得以知道過去的「事件」，也是冰山上層的「行為」、「事件」，即是小雷澆花的時候，不小心將水噴到小桐。從澆花的事件探索，了解了一個過程：小桐不相信小雷，認為小雷是故意的，也間接導致此刻的爭執。

透過冰山層次的對話，我明白小雷發生什麼事？也透過冰山對話的過程，讓小雷**覺知**自己執著的點，是他在意弟弟不相信自己，但是未對話之前，小雷並未**覺知**，只是慣性的應對。

小雷很生氣的搥桌子，那是他的應對姿態。

我在停頓之後，直接核對小雷的感受，在感受裡釐清觀點、期待，最後邀請他與小桐核對。

這個對話過程，是怎麼回事呢？為何這樣子對話，就能釐清問題，甚至讓兄弟和解呢？

我們常說想不開的人們，用一句話來形容：「鑽牛角尖兒。」

這句話意味著，想不開的人們，只從一個特定的點去想，而不會從各種方方面面考量。然而人們為何不會轉彎，只從特定的點去想呢？通常與過去的經驗、情緒的形成有關。

過去小雷的憤怒，常是不被理解的，大人的應對也許以道理、指責與規條回饋，而不是先與小雷對話，好奇小雷發生什麼？當小雷非常憤怒，小雷情緒就得不到梳理。情緒易在體內亂撞，遇到相同的事件，紛亂的情緒一股腦兒衝上來。這股情緒有憤怒、難過，這是在對話中可見的。在我與小雷對話未呈現的，可能還有沮喪、委屈與失望。但是這些情緒亂撞，引得思緒跟著紛飛，小雷因此執著於：「我一定要報復，你給我記住。」這樣的枷鎖之中，而無法掙脫出來了，因為思緒集中於「平反」，不會產生其他解決的方式。

連結彼此的渴望

小雷是憤怒的，這股憤怒在上述對話裡，可以看見線索，不止生氣「這次」小桐「故意」，也生氣小桐「上次」不信任。若是我在生氣裡探索，可能還會探索出小雷對自己「生氣」。**當對話者將脈絡定向、聚焦在一種情緒、一個事件、一個觀點，或者一個期待上頭，就能幫助對話者，從紛亂的思緒、感受與事件中，釐清一個小雷真正在意的原因**。而不是任由小雷情緒混雜、思緒紛飛，只想執著於報復弟弟了。

與小雷對話的脈絡，我標示出冰山各個層次，當我聚焦在一個點對話，那是一種探索的過程，而不是說教、指責或命令，對話者就有機會聚焦在那一點思索，從那一個點引導、釐清自己的「結」，而不是雜亂無章的思緒，也不是一味的保護與防衛。每個人對話的路徑不同，如果掌握了基礎的方向，也能得到相同的結果，或者更好的結果。

我與小雷的對話，扣住弟弟不相信他「不小心」，讓小雷覺知不被信任的感覺，決定以核對的方式，讓兄弟二人彼此連結。

這樣的對話脈絡，是以小雷「渴望」為標的，自由包含於「渴望」，而自由需要有所選擇。因此小雷可以選擇核對，核對小桐是否為故意？

當小桐將番茄醬噴到小雷身上，我心裡大致清楚小桐「不小心」，因此導引小雷與小桐核對。小桐開始對話時，我從冰山的感受核對，亦即小桐的「難過」，帶出小桐的「恐懼」，再帶出小桐的「抱歉」，向哥哥澄清並且釐清上一次事件。

我引導小桐與自己的渴望連結，「接納」了自己的行為，那就不用再對抗了，而能誠心的坦承自己的想法。當小桐這樣陳述，小雷與小桐彼此的渴望，也能瞬間連結了，彼此連結了「接納」與「愛」。

如果小桐是故意的呢？

我會引導小雷，什麼樣的應對回應，能夠為自己負責任？而不是被誤解，或者傷害自己，因為他不用被控制，不是被弟弟控制，而做出被人誤解，甚至收到更多人不好的回饋。

同理——
伴侶的相互探索

世上少有不爭執的夫妻，
每個人都有自己的感受、期待與觀點，
雙方如果有更完整的表達，就會擁有更好的溝通，
以冰山探索雙方，就能讓彼此更多理解與貼近。

夫妻是最親密的夥伴，兩個人的冰山如何互動？更是不容易的課題。

我在講座談表達感受，詢問在場的夥伴，如何應對、表達自己情緒？生氣的時候，會不會告訴對方？會為自己的生氣負責嗎？還是以受害者的角色，責怪對方造成？

沉默的殺傷力

一位女士表示，當自己生氣的時候，會沉默不與先生說話。

我問女士：「選擇沉默不說話，妳的想法是什麼呢？」（**觀點**）

女士說：「如果繼續說話，兩個人可能會吵架，我讓自己冷靜十分鐘，情緒走過去就好了。」

我：「妳有將這樣的訊息，告訴妳先生嗎？」（**應對**）

女士：「沒有。」

上述的簡單對話，可以看見女士的**應對姿態**，不說話的姿態是打岔。生氣是她的**感受**。

若是繼續說話，吵架的場面就會出現，這是她的**觀點**。

她的**期待**是冷靜十分鐘，情緒就能走過去，兩人就可以和諧對話。

據我的判斷，她應是想和先生和諧，因為自己很愛先生，這是未表達的**渴望**層次。

若是能讓先生知道，自己的幾個冰山層次，那就是直接的表達，也屬於一致性應對。但是女士並未告訴先生，先生也無由知道她的內在，那麼先生會怎麼反應呢？

我繼續問下去：「先生不知道妳的想法，他有什麼反應呢？」（**應對**）

女士：「他會在我身邊，不停的問：『妳怎麼了？妳怎麼不說話？妳為什麼又不講話了？』」

我：「妳喜歡他這樣做嗎？當妳不說話的時候，先生一直問妳：『怎麼了？妳怎麼不說話？妳為什麼又不講話了？』」（**期待**）

女士：「我不太喜歡。」

太太的表述到這兒。

我轉頭過問先生：「關於你的部分，是太太說的這樣嗎？」（**核對**）

先生：「嗯……」

我：「你一直問她『怎麼了？』，你內在狀態是什麼呢？」（感受）

先生：「太太突然不說話的時候，我感到很焦慮。」

我：「能說說你的焦慮嗎？」（感受）

先生：「我不知道她怎麼了？怎麼就突然不說話了？」

我：「你成長過程中，看過爸媽吵架嗎？」（回溯父母應對）

先生點點頭說：「看過。」

我：「爸媽吵架時，會有一方不說話嗎？」（核對父母應對）

先生：「有，媽媽會沉默不說話。」

我：「當時你站在哪裡呢？」（應對、渴望）

先生：「靠近媽媽多一些。」

我：「那時候你幾歲呢？」（具體事件）

先生：「我大概上國小。」

我：「當時你心裡什麼感覺？」（感受）

先生的臉色此處變了，有些情緒在臉上湧動。

先生：「當時心裡應該感到焦慮、害怕。」

我：「你害怕什麼呢？」（**感受**）

先生：「我害怕媽媽會離開家。」

我：「她有離開過嗎？」（**回溯**）

先生：「她雖然沒有離家出走，但是說過好幾次，她要離家出走。」

我：「所以你害怕媽媽不說話時，會離你們而去？」（**感受、觀點**）

先生：「嗯！」

我：「當你看見太太不說話了，你的焦慮與過去有關嗎？」（**感受與過去核對**）

先生點點頭：「我以前沒有想過。」

先生的情緒再次湧上來。

我轉頭問太太：「妳知道先生的狀況嗎？他剛剛分享的那些過去？」（**核對**）

太太轉過頭，疼惜的看著先生：「我不知道……」

我：「妳聽先生說了他的情況，對妳有衝擊嗎？」（**感受**）

太太點點頭：「我會比較理解他。」

回溯內在的焦慮

我與先生簡單的對話，得知他的內在**感受**是焦慮，**回溯焦慮**的成因，看見他童年的一個圖像。

他說了當年的畫面，**具體陳述**了**事件**的場景，覺察過去的場景仍在體內影響他，遇見爭執而不說話的妻子，會挑起當年對母親的擔憂：他害怕母親離家。**他的觀點隱隱然將「不說話」↔「離開」↔「焦慮害怕」連在一起了，那是他埋藏在體內，未曾覺知意識的身體與情緒反應**。

世上很少有不爭執的夫妻，每個人都有自己的感受、期待與觀點，雙方如果有更完整的表達，就會擁有更好的溝通，以冰山探索雙方，就能讓彼此更多理解與貼近。

我完成此篇對話，將對話寄給先生看，蒙兩夫妻願意，讓我記錄之後發表，我邀請先生寫一短短回饋，針對講座上對話的想法，我列於下方：

講座結束後，我們夫妻倆仍持續討論著，並對於這次的對話，甚感驚訝與佩服。若非崇建老師現場來回的穿梭提問，我們從未覺察彼此對於生氣的感受與處理，會有如此大的差異。

小時候的我，曾經目睹爸媽吵架，當時見聞的衝突語氣和冷戰靜默，在那幼小無力的年紀，及渴望「媽媽的愛」，內心中產生極大的不安與恐懼，像一塊燒紅的印記，深深地烙在我的記憶深處。我長大成人以後，面對太太在生氣中的「不講話」，卻無意間與孩提時的遺棄感產生連結，也將當時的焦慮感，帶進到現在的夫妻關係中。

經過此次的講座，後來又再一次的意見相左時，我立刻覺察到各自的感受與需求。我明白太太在情緒處理上是需要等待的，彼此都需要一些時間先平靜下來，並安頓好自己的內在。除了情緒感受的覺察，我同時也探索了自己的冰山，有脈絡層次地走過一回，原先的緊張感自然獲得消退。待雙方情緒皆穩定下來後，才開始進行意見的交換討論，最終獲得正向而有意義的結果。

接納──
青春期孩子的冰山

了解彼此，在彼此的渴望處連結，
這份渴望就是：愛與接納。

父母帶著高中生來見我，期待一家人有更好的溝通。小祥在家排行老二，上有哥哥下有弟弟，但是小祥在家中，並不太分享自己的事，總是不說話或很簡單回應，父母感覺小祥愈來愈遠，因此父母帶小祥來見我。

小祥離父母愈來愈遠了，是父母共同都有的感覺。

渴望孩子的擁抱

我問爸爸：「有沒有什麼事件，讓你感覺小祥愈來愈遠呢？」（**事件**）

爸爸說：「我每一次要擁抱他，他都會將我推開。」

我：「這會讓你受傷嗎？」（**感受**）

爸爸：「有一點兒。」

我：「小祥已經十七歲了，你還會擁抱他，這很難得呀！」（**渴望**）

爸爸：「因為我很愛他。」

我：「你跟自己的爸爸關係如何？」（**回溯、應對**）

爸爸：「我爸爸以前從事高危險工作，他出門的時候，我都會很擔心他，擔心他會不會出意外，心裡很渴望跟爸爸在一起。」

我：「你爸爸也會擁抱你嗎？」（**核對**）

爸爸：「他不會擁抱我，童年時和他關係不親密。但是我渴望他的擁抱。所以爸爸最後臥病在床，臥床好多年後，接近過世之前，我很主動的去擁抱他，去親他，我怕會有遺憾。」

我：「你爸爸喜歡嗎？有什麼反應？」（**核對、應對**）

爸爸：「我爸爸嚇一跳。但是我很滿足，至少我沒有遺憾了。」

我：「那你怎麼會想要抱兒子呢？」（**核對**）

爸爸：「兒子一天一天長大了，我也不想留下遺憾，所以每天都想擁抱他。」

我：「那是一種愛的表達？」（**渴望**）

爸爸：「可以這麼說。」

我：「但是兒子的反應呢？不是你的期待嗎？」（**期待**）

爸爸：「對。他常常把我推開。」

我：「當你要擁抱兒子的時候，兒子將你推開，你怎麼解讀呢？」（**觀**

點）

爸爸：「他拒絕我的愛，好像很厭惡我。」

我：「這讓你感到兒子愈來愈遠是嗎？」（渴望）

爸爸點點頭。

我轉頭問小祥：「爸爸說的狀況，也是你理解的狀況嗎？當他抱你的時候，你會將他推開。」（核對、應對）

小祥點點頭。

我：「發生了什麼事了呢？你將他推開？」（事件、應對）

小祥：「爸爸以前從來沒有擁抱我，是我上高中以後，爸爸才開始擁抱我，我感到很不習慣。」

我向爸爸確認，是否真的如此。（核對）

爸爸：「我以前沒有擁抱他的習慣，他愈來愈大了，我也不想留下遺憾。」

我明白了一些脈絡，原來家裡沒有擁抱的習慣，爸爸突然改變成熱情了，對於青春期的兒子，真是一個令人尷尬的舉動呀！

我問小祥：「爸爸抱你的時候，你有什麼感覺？」（**感受**）

小祥：「我感覺很尷尬。」

我：「你是因為尷尬才推開爸爸嗎？」（**觀點、應對**）

小祥點點頭。

我：「你知道爸爸抱你，因為他很愛你嗎？」（**渴望、觀點**）

小祥再次點點頭說：「我知道。」

我：「爸爸抱你的時候，你會想要回應爸爸的愛嗎？」（**渴望、應對**）

小祥又點點頭：「會想。但是我覺得很尷尬。」

我：「小祥，謝謝你這麼清楚表達。我整理一下你的意思，你知道爸爸擁抱你，是因為他很愛你，你心裡其實想回應他。但是他以前不會擁抱你，上高中以後才開始抱你，讓你還不習慣，心裡會感到尷尬，所以將他推開，是不是這樣的狀況？」

小祥點點頭。

我問爸爸：「我跟小祥的這一段對話，你聽了以後有什麼感想？」（**感

受、觀點）

爸爸：「我感到很放心，原來他不是排拒我，只是他感到尷尬而已，我聽了很感動，也很放心。」

我取得小祥的同意，引導他對爸爸說一段話，確認這是他心中的想法，請小祥說給爸爸聽：「爸爸，我知道你很愛我，所以會擁抱我。我也很愛你，只是我不習慣這樣的擁抱，但是我要跟你說：『你不會失去我。』」（渴望）

我問爸爸聽了之後的感覺，爸爸回饋：「聽了很感動。」

簡單的談話之後，我和小祥重整父子日後的關係：「爸爸今天回去之後，可能還是會抱你，向你表達他的愛，那是他的需求，你可能會不習慣，但你可以接受嗎？」（落實與核對）

小祥點點頭說：「我可以接受。」

我：「小祥，謝謝你。你是一個純真的兒子，可以這麼直接表達內在，我非常感動你們彼此坦誠，也謝謝你接納爸爸會抱你。」（觀點、渴望）

小祥默默的聆聽著。

我接著說：「若是爸爸擁抱你，你心裡面仍舊覺得尷尬？那麼你還是可以

推開他，如果你心裡的尷尬比較少了，你也可以擁抱來回應他，這樣適合你和爸爸日後的關係嗎？」（**落實與核對**）

小祥點點頭說：「適合。」

我轉頭問爸爸：「你再次擁抱兒子的時候，兒子可能還是會推開你，但那不表示他不愛你，或者是要將你的愛推開，而是他還沒準備好，內心會感覺尷尬，但是你知道他是愛你的。他推開的是一個尷尬的感覺，而不是你這位爸爸，你可以接受這樣的結果嗎？」（**落實與核對**）

爸爸：「我可以接受，謝謝老師，我很感動。」

不同感受的解讀

爸爸擁抱兒子，兒子將爸爸推開，爸爸的解讀是排拒，而不知道兒子是尷尬，而且內在是愛爸爸的，也想回應爸爸的愛。

從簡單的對話中，可以歸納**爸爸的冰山：**擁抱是一個行為，擁抱對爸爸而言，會有美好的感覺（**感受**），那表示一份父子的親密（**觀點**），也來自於過去未滿足的期待（**期待**），他期待父子之間的親密（**期待**），對爸爸而言那是一份愛的渴求（**渴望**）。

小祥的冰山：擁抱是一個行為，擁抱對兒子而言，會感受到一種尷尬（**感受**），因為以前沒有這樣擁抱，高中才這樣擁抱很突兀（**觀點**），他不知道爸爸有未滿足的期待，他想滿足父親的期待，但是他也不希望這麼尷尬的表達（**期待**），但是小祥能理解，擁抱是爸爸在表達愛（**渴望**）。

我在對話中，分別呈現兩人的冰山，父子之間就會有更多的理解，彼此也有更多接納，愛也會更好的連結。

小祥父親童年有個擔憂，擔憂爸爸出門會危險，再也看不見爸爸了，他擔心失去爸爸。但是一直到爸爸臨終前，已經臥病好多年，未免遺憾一輩子，他鼓起勇氣擁抱爸爸，病榻前的爸爸也嚇一跳。針對他爸爸的嚇一跳，可能是因為他爸爸臥床，可能出自於對老一輩人的理解，小祥的父親並未解讀「不愛他」。

小祥在家原本就少說話，隨著小祥年齡漸長，父親逐漸感到疏遠，也許這份疏遠勾起父親當初對親情的渴求，遺憾孩子在家期間的疏遠，因此決定擁抱小祥。小祥也和爺爺一樣，也甚不習慣爸爸突然的行動，內在的感受尷尬，以推開的行動表達尷尬。但是小祥是個敏感的孩子，他知道父親愛他，以擁抱來表達，因此我讓兩父子了解彼此，了解彼此的感覺，了解彼此的愛，也能接納彼此的行為。我邀請小祥對父親說：「你不會失去我的。」乃針對父親童年的擔憂，擔憂失去了爸爸，父親內在可能存在擔憂、害怕與孤單，那是一種內在的感覺，因此我邀請小祥對父親表達。

我讓父子兩人了解彼此，在彼此的渴望處連結，這份渴望就是：**愛與接納**。

渴望了解孩子

當父子的議題告一段落，我邀請媽媽參與剛剛的對話。

我問媽媽：「剛剛小祥與父親之間，我們的這一段對話，妳有什麼感想？」**（感受、觀點）**

媽媽說：「我很開心，也很感動。」

我問媽媽：「妳自己呢？關於妳與小祥的互動？」（**應對**）

媽媽說：「不知道是不是孩子長大了？小祥和我們愈來愈不喜歡說話，他在學校發生的事，都不想跟我們分享，常常花在電腦的時間很久。」

我：「小祥若不想分享學校的事，對妳而言可以嗎？他已經十七歲了？」（**觀點**）

媽媽：「可以呀！但是他常常都不說話，我不太了解他。」

我：「了解他對妳而言，會得到什麼呢？我的意思是，妳那麼想了解他學校的事，若是妳了解了，和不了解有什麼不同嗎？」（**期待、觀點**）

媽媽：「我才知道他遇到什麼困難？可以給他一些幫助。」

我：「他會遇到什麼困難嗎？」（**事件**）

媽媽：「比如說人際呀？學業呀……」

我：「他以前遇過這樣的困難嗎？」（**事件**）

媽媽點點頭：「有！他從幼稚園開始，只要轉換學期階段，都需要約一年的適應期，例如國小換年段，或國小畢業後升國中，都適應得很辛苦。」

我：「妳相信他已經長大了，可以自己面對嗎？若是需要協助，他會自己

評估要不要跟妳說？」（**觀點**）

媽媽：「就怕他不敢說！」

我：「孩子若不想分享，通常是孩子家裡沒有對話，可以檢視父母言談間，是否偏向答案、要求、道理。若是對話內容是這些，孩子久而久之會不願意分享，比較容易進入電腦世界。」（**觀點**）

媽媽：「我們以前沒有很多對話，但問他時，他都會簡要的回答，但現在都只用搖頭或點頭來回應，對話愈來愈少。」

我轉過來問小祥：「媽媽說的情況，和你了解的是一樣情況嗎？」（**事件、應對**）

小祥點點頭。

我：「發生了什麼事呢？關於你不太愛說話。」（**事件**）

小祥：「媽媽很會唸。」

我：「媽媽會唸你什麼呢？」（**事件**）

小祥：「很多都會唸，功課、生活、電腦……。」

我：「那你什麼感覺？」（**感受**）

小祥：「很煩。」

我：「那就不想講話了嗎？」（**應對**）

小祥點點頭。

我轉頭問媽媽：「小祥這樣說，妳有什麼感想？」（**感受、觀點**）

媽媽：「可是我擔心他的健康，只希望他不要熬夜、照顧好身體呀？難道我都不要說嗎？」

我：「妳透過唸他，想要得到什麼呢？」（**期待**）

媽媽：「希望他能改變呀！」

我：「有達到妳的期待嗎？」（**觀點**）

媽媽：「沒有。」

我：「妳希望孩子能獨立嗎？」（**期待**）

媽媽：「我一直希望孩子獨立呀！」

我請小祥拉住我的手，我用力的抓住小祥，請小祥掙脫我，我並且對小祥唸著：「我要你獨立！我要你獨立！」（**具體呈現我所看見的家庭應對**）

媽媽看了這一幕，突然崩潰大哭了起來。

我問：「發生了什麼？」（感受）

媽媽很悲傷的說：「我和大兒子的關係，也是這樣的狀況。我很愛他也希望他獨立，但是他怪我管他太多了……」

媽媽接下來陳述一段過程，她當一個媽媽如何辛苦？如何照顧三個孩子，尤其三個孩子成長過程，孩子都有一些健康狀況，媽媽幾乎是失去自己，只為了照顧孩子們，但是孩子長大的過程，除了弟弟還小之外，都離她愈來愈遠的感覺……

我問媽媽：「妳愛小祥嗎？」（觀點、渴望）

媽媽：「我當然愛他呀！」

我：「那他感受到的是媽媽的愛？還是檢察官的監督呢？」（觀點、渴望）

媽媽：「我不知道要怎麼樣做？」

我：「妳被愛過嗎？」（渴望）

媽媽：「有呀！」

我：「說說妳經驗的愛？是什麼樣的畫面？」（渴望）

媽媽：「我小時候媽媽對我的愛，就是一直唸我。」

我：「妳喜歡嗎？」（期待、觀點）

媽媽：「我們會互相關心，但並不親密，這一直是我的遺憾。」

我：「妳會不會在複製媽媽對妳的部分呢？以後兒子也不想跟妳說話？」

（觀點）

媽媽：「我很擔心呀！但是我以前很辛苦呀！家裡很貧窮，我要做好多家務。好像要透過分擔家務，在這個家才有存在價值。他們又不像我以前，需要做這麼多的工作？」

我：「但是小祥有感覺呀！他的感覺可能跟妳以前很像，只感覺媽媽對他的嘮叨，卻感覺不到媽媽的愛。妳想要改變嗎？」（觀點、期待）

媽媽點點頭，想要改變。

我：「妳很小的時候，要負擔那麼多家務，彷彿失去自己了。現在呢？妳可以怎麼愛自己？妳的兒子長大了，但是妳仍舊將目光放在他們身上，而不是了解與照顧自己的需求，妳可以怎麼照顧自己呢？」（渴望）

媽媽：「我已經習慣了，也不知道該怎麼做？」

我：「妳願意看見小祥，是個獨立的個體嗎？相信他能做得很好，給他多一點兒支持與愛，但不是嘮叨與控制，那會讓他誤會妳的愛。但妳是愛他的，是嗎？」（渴望）

媽媽：「我很愛他。」

我：「在愛他之前，妳需要懂得愛自己，因為妳的內在會升起焦慮、擔心、不安，就會複製過去媽媽的言行，小祥可能會感到困惑。」（渴望）

媽媽：「那應該怎麼做？」

我邀請媽媽去上課，先去旭立文教基金會官網搜尋，上成蒂老師的工作坊，並且答應她再來與我對話。

對話的時間已經晚了，我要將談話結束了。

複製的應對姿態

我在談話收尾處，核對媽媽可以如何應對？小祥可以如何反映媽媽的嘮叨？媽媽聽了小祥的反映，是否可以接受？核對母子雙方相信嗎？核對彼此的內在狀態。

當天我引導小祥，跟媽媽說了一段心中話：「媽媽，我知道妳很愛我，我也很愛妳，只是妳有時候太關心我，對我會一直唸，其實妳說一次就好了，我不一定會照妳的想法做，但是我都聽進去了……」

我與一家人對話結束了，爸爸對我提出邀請：「阿建老師，你今天感動到我了，我可以抱抱你嗎？」

我答應了。爸爸給我一個有力，而且結實的擁抱，我感受到爸爸的愛，在他身體裡面，那麼深情的存在著，是那麼的想要表達。

這一次對話之後，媽媽向我分享，小祥比較願意談話了，媽媽也比較懂得緩下來，去覺察自己的內在，雖然常不知道該怎麼說話。

媽媽日後談話時，分享了生活的一個事件：小祥在校外住親戚家，有天親戚不在家，小祥起床時睡過頭，並沒有到校去上課，而是到麥當勞讀書。

小祥坐媽媽車返家時，跟媽媽分享這一段，說自己當天睡過頭了，他不好意思遲到進教室。當時他有點兒為難，是否要去學校上課？以及最終的決定。

媽媽在聆聽的當下，察覺自己想要說道理，但是一經察覺之後，轉而改變了應對方式，先傾聽孩子的敘述，再以好奇的方式關心孩子。媽媽表示自己有點兒擔心，但是她知道擔心與關心的表達不同，一方面很高興孩子的願意，能分享一段生活上的插曲，媽媽內在同時也有感動。

母子都關愛彼此，但是遇到現實事件，彼此的應對姿態讓家人困擾、困惑，媽媽的應對姿態是指責、討好。小祥的應對姿態是打岔，這都是應對生存的法則。我從媽媽的應對姿態，澄清媽媽的冰山各層次，讓媽媽看見自己的應對，事實上有一個歷史，她複製自己母親的應對姿態，意識到自己應該改變。

看見母親的冰山，小祥也表達自己的內在，自己也很愛媽媽，也能接收媽媽的愛，但是對於媽媽的應對姿態，小祥表達自己的想法。當兩人能如實表達自己，在渴望處彼此連結，告訴媽媽這一段話時，媽媽的眼淚又被觸動了。

我和這個家庭談話，參與一個家庭的動力，我內心有非常多的感動，也感到愛在我體內流動，這是一個很特別，而且也療癒我內在的過程，我很感激他們的前來。

我將這一段文字紀錄，徵得小祥媽媽的同意，在看過以後，給我一段回饋，如下：

時隔近一年，再次回溯當日對話，內心仍然澎湃洶湧，淚流不止。想到當時面對親子無法溝通的焦慮、遍尋資源無著的無助，還好崇建老師答應和孩子談談，我好像在溺水時抓到一根浮木，期待老師能幫我們帶出孩子心中的想法。

當天談到很晚，回家的路上心情非常複雜。第一次強烈而且明確感受到先生對家人的愛，以及他深藏內心，對驟失所愛的焦慮不安；第一次聽到孩子真誠表達，我說的話他都聽進去了，但有些他有別的想法，卻沒有機會表達，所以孩子是長大了，但我沒察覺；第一次孩子說，他愛我們，而且知道我們愛他。這些對話給我很大的信心和能量。但是老師說，你們是一個充滿愛的家庭，但是愛卻沒有流動，困住了。我想：就是因為這樣，所以我一直給啊，怕給不夠，怕愛像水庫缺水一樣，量太小無法流動，因此想盡辦法找愛來給，可是孩子嫌煩啊⋯。我更困惑了⋯。

之後一直不敢和孩子談話，因為不知道怎麼說才不煩？直到去上成蒂老師的課後，終於明白崇建老師在一次的談話中，早已窺探出我此刻的課題不是親子溝通，重新整理我的生命脈絡，才是更迫切的功課。

孩子就像父母的一面鏡子，親子關係如實呈現我們的夫妻關係。完全意料之外的，當我重新看到自己，並且學習接納自己、尊重自己，以及愛自己之後，我看到我們家的愛像一座巨大的冰山，開始一點一點融化，並且在家人間緩緩流動，非常的神奇！接著，看到孩子的改變。

其實孩子一直很細膩、專注的觀察我們，我們細微的改變他都看在眼裡。今年父親節時，孩子在卡片中娓娓敘述他從父親溝通方式的改變，感受到父親對他的關心和愛，第一次讓凡事超理智的摩羯座父親，感動到淚流滿面。

問題解決不是一蹴可幾，愛的冰山依舊巍峨聳立。我過去只是急切想要解決親子溝通的困難，現在學會放慢腳步去欣賞每個孩子的獨特性，卻也因此常有驚喜。

擴散——學思達的回饋

將薩提爾模式帶入日常，成為生活與教學的一部分，開發出更多元有效的培訓。
若能以學思達模式培訓，並且導入體驗性的課程，那會改變過往的培訓模式，影響的教師與父母將更多。

薩提爾女士開發諸多工具，我最熟悉的便是冰山，那是我的老師貝曼傳授。我個人以冰山自我覺察，也將冰山運用於生活，因此在各地講座，我常常從對話帶至冰山，作為由淺至深的脈絡。

過去在各地講座，或者進行工作坊，我大抵承襲薩提爾導師，尤其是傳承自貝曼，帶給我的工作坊學習。我依照他教導的脈絡，介紹應對姿態、冰山、互動要素與家庭圖，甚少開發新的教學方式。

該如何將對話與冰山，更系統的落實在生活中，甚至更系統的落實於教學？大概是這三年才開始思索。

正式系統化推廣薩提爾

這些因緣來自張輝誠老師，他是「學思達」的創立者，帶動一波台灣重要教育改革。他除了建構學思達理念，首開長期開放教室觀課，更不吝將學思達推廣至各地。幾年下來張輝誠發揮巨大影響，甚多教師進行學思達教學，甚至多位學思達各科教師，開放課室供人隨時觀課。

我與張輝誠相熟之後，他初識薩提爾模式，便積極將薩提爾導入學思達，不僅親身實踐薩提爾模式，也推廣薩提爾模式，在各地結合學思達與薩提爾辦講座，背後更有公益平台嚴長壽董事長、方新舟大哥，以及企業家方慶榮董事長支持，舉辦了一場又一場工作坊。

二〇一七年二月，由張輝誠提出建議，由公益平台夥伴協助，方慶榮董事長出資贊助，由我帶領三天工作坊，將薩提爾帶入學思達培訓。學思達諸位教師熱情參與，我有一種夥伴的感動，更有一種積極想法，期待將來學思達教師，能設計薩提爾模式課程，以學思達模式培訓，並且導入體驗性的課程，那會改變過往的培訓模式，影響的教師與父母將更多。

這是個美麗的願景，將薩提爾模式帶入日常，成為生活與教學的一部分，開發出更多元有效的培訓。學思達教師的積極投入，為課程提供甚多意見，為薩提爾課程注入新元素。這開始於張輝誠老師，我思索課程架構的設計，加上學思達教師的熱情，劍及履及的實踐態度，讓我感到興奮與感動，尤其羅志仲老師的設計，他雖非學思達教師，但是他也在台灣這波翻轉浪潮裡，早早以自身經驗講授教學改革，乃至於羅志仲老師一經我分享課程想法，更有創意的設計出高效的課程，且羅志仲老師與學思達教師互動日深，帶來了更良性的影響。

本書最後一章，將呈現學思達教師的分享，將冰山對話帶至教學現場，僅僅短短的學習時間，便能有所體悟與實踐，讓人大為振奮與感動。其後羅列的分享，除了羅志仲老師之外，都是學思達開放課堂教師，那只是我有限的關注，得知的幾位教師實踐案例，藉此分享給所有人，我也在分享文之後記錄了觀察心得，俾便更多進入冰山對話者學習。

一、與父親和解——羅志仲老師

四十歲之前，我曾和父親十多年不說話。

到底是誰先不跟對方說話，早已不可考了。這十多年間，我們大多時候都同住在一個屋簷下，幾乎天天碰面，碰了面卻無動於衷，將對方視為路人、空氣，如今回想起來，真是不可思議。但對當時的我們而言，這是日常的一部分，如同吃飯、喝水般，早已習慣了。偶爾有話需要告訴對方，便透過母親轉達。

如果生命沒有發生任何突如其來的意外，我應該一輩子都不會和父親說話、和解吧。

二〇一四年八月，母親發生車禍，再也不曾醒來，二十一天後便過世了。那年，我四十歲，父親七十歲。在失去了母親這個居中傳話者之後，我們父子，終於不得不重新面對彼此了。

面對彼此是一回事，但距離和解還很遙遠呢，我要拿什麼修補父子關係呢？

不講話的父子

而今，母親過世三年多了，我已與父親和解。父子關係若滿分為十，我們曾零分多年，眼下已來到九分。這個過程很艱難，我很慶幸自己走過來了。

母親車禍過世前一年，我的大學學長李崇建推薦我去參加薩提爾模式工作坊。當時，我根本不知道薩提爾模式是什麼，也不確定是否全程參與。工作坊共三天，第一天結束後，我不置可否，既不排斥，也談不上喜歡。第二天一早，我坐在家門口，猶豫著要不要綁鞋帶，電視正在直播NBA總冠軍賽呢，我似乎應該留在家裡，為我支持的球隊加油。

最終，我繫上了鞋帶，繼續去參加工作坊。第二天的工作坊結束後，我的內在發生了好大的蛻變，強烈的寧靜與喜悅自內源源不絕湧出，為時三天！那是此生未有之經驗，我的生命，自此不同了。

那天早上，我也可能不綁鞋帶，留在家裡看比賽。我支持的球隊當年鎩羽而歸，隔年完美救贖。我不知道，要是我錯過了後兩日的工作坊，我會和我支持的球隊一樣，有另一次蛻變的機會嗎？

這或許是命運的安排吧，經由學習薩提爾模式，我掌握了修補父子關係的重要工具。同時，也經由數度與崇建學長談話，我修補了與自己、父親之間支離破碎的關係。如今，我不僅與父親和解了，還能跟父親對話。

與自己和解，與父親和解

父親因行動不便，生活難以自理，目前在養老院住著，接受妥善的照顧，我每一、兩週去看他一次，每次都會有或短或長的對話。最近一次，見他體重增加，說話清楚，走路穩健，我很高興，但他總對自己不滿意，尤其對於走路一事，不時感嘆自己沒有進步，我遂與他對話十多分鐘，以下節錄一些片段——

「爸，你現在不扶著輪椅，可以走多遠呢？」

「快半小時吧。」

「可以走這麼遠呀。你是從什麼時候開始能走這麼遠的呢？」

「一個多月前吧。」

「在那之前，你可以走多遠？」

「大約十分鐘。」

「從十分鐘到半小時，這個進步不小呢，你是怎麼做到的？」

「我每天都有練習，早上練習半小時，中午又練習半小時。」

「哇，你很努力嘛，難怪進步這麼多，你怎麼會覺得自己沒有進步呢？」

父親搖頭無語。

「那你希望自己能進步到什麼程度呢？」

「當然最好能像以前那樣，想走多遠，就走多遠，而且不必扶著輪椅。」

他搖搖頭，嘆口氣：「但這陣子一直都沒進步。」

「現在這樣每天練習，有遇到什麼困難嗎？」

「早上走半小時，還不錯；中午再走半小時，腿就痠了。」父親沉思了一會兒：「腿痠好像會累積下來，沒辦法走得更遠。」

「你有考慮過調整練習的方式嗎？」

父親再度陷入沉思：「中午練習時，不要走太久，腿就比較不會痠，或許隔天早上就能走得更遠一點吧。你覺得怎麼樣？」

「聽起來很不錯，你想什麼時候開始試試呢？」

「嗯，明天開始吧。」

在這場簡單、輕鬆的對話中，我並未設定目標，也沒打算改變父親，只是順著對話的氣氛走，想不到就能幫助父親看到卡住的點，並且找到適合他努力的方式。這幾年學會對話，真是送給自己與父親最大的禮物。

臨走前，我照例抱抱父親，下次再見了。

和絕大多數的家庭一樣，我的原生家庭中並沒有對話與擁抱，這些都是我這幾年才學習的，除了參加薩提爾模式工作坊，也長期跟著崇建學習冰山與對話。崇建曾好奇問我：「你是怎麼在對話上進展得這麼快速的？」我想到了幾個原因——

學習薩提爾的契機

幾年前，我曾在崇建的作文班上觀課兩年，儘管那時我並無對話意識，亦不知冰山，只是從一開始的聽故事，到後來的學習教作文，但持續兩年浸潤在那樣的課堂氣氛下，他與學生對話時的用詞、語態、聲調、回應等等，早已進入我的血液中，成為豐沃的養分。

而在母親猝逝後、父子激烈衝突期間，我常找崇建談話，以處理內在深沉的痛苦。那些談話，不僅幫助我走過失落與悲傷，憤怒與自責，也得以在兩年內與父親和解，更因此感受到對話的力量。

此外，只要是崇建提過的書，我都找來讀，我用這種亦步亦趨的方式跟著他學習，以開拓自己的視野。頃讀《刻意練習》，方知我過去幾年的成長，原來與「刻意練習」的原則暗合——以頂尖專家為師，向他學習。

當然，我的刻意練習是誤打誤撞的，我一開始只想以教寫作為生，從未想過自己能夠對話。但如此不刻意的刻意練習，或許正是生命中最有趣的安排吧。

以冰山幫助他人

如今，我常在課堂與課外，與有需要的孩子或家長對話，讓我印象特別深刻的，是一位小六男孩阿牧。

阿牧來上作文課超過半年了，有時能順利完成一篇還不錯的文章，有時則一個字都寫不出來。我和他談過幾次話，進度十分緩慢。緩慢從來不是問題，著急才是。我讓自己配合他的速度，而不是讓他來配合我。他願意多說，我們便談得久一點；他不願意說，我也無妨，我可以等待。

有次，阿牧又一個字都寫不出來了。我再次找他談話，他仍然卡在同一個點上：他不允許自己寫不好。我問他：如果寫不好，會發生什麼事呢？「作文就是要寫好啊，怎麼可以寫不好呢？」他如此回應。

我再問他：如果寫不好，會有人責備他嗎？爸爸？媽媽？還是老師呢？阿牧搖搖頭，沒有人會責備他。「那你會責備自己嗎？」他點點頭，他是個自我要求很高的人。

那麼，又是什麼，讓他對自己要求這麼高呢？他可以從嚴格的自我要求裡得到什麼呢？

阿牧希望自己成為一個更好的人。他覺得自己在各方面都不好，因此他很努力讓自己變好。一到十分，我請他量化評估自己的努力程度。他表示，他很努力時，有八分；普通努力時，則有六分。但他對此一點都不滿意，他希望自己在每件事情上，都能有十分的努力。

我微微嘆了口氣：「你好努力啊。你這麼努力，效果好嗎？有讓自己成為更好的人嗎？」

「沒有……」阿牧緩緩低下了頭。

我猜想，他有情緒上來了。「你現在有什麼感覺呢？」

他低著頭好一會兒，開始揉眼睛。「難過……。」淚水輕輕滴落桌面。

我靜靜讓他哭了一會兒，再遞幾張面紙給他。「你難過什麼呢？」

「我難過我作文寫不出來，別人都寫得出來。」

「那你有生自己的氣嗎？」

「有……」阿牧的淚水不斷湧出。

待他淚水稍緩，我停留在「努力」這點上，與他多一些核對。讓我驚訝的是，阿牧始終無法欣賞自己的努力，對他而言，最終還是寫不出來啊；對他而言，結果永遠比過程重要。

「我邀請你想像一下：你的身旁坐了一個年紀跟你一樣大的男孩，他也遇到了跟你一樣的情形，他一個字都寫不出來，但是他很努力，有時咬著筆桿拚命想，有時翻開課本找靈感，但最後，還是寫不出來。你會責罵他、看不起他嗎？」

「不會，因為他努力過了。」

「如果你的身旁坐的是你，而不是別人，你能欣賞『他』的努力嗎？」

「沒辦法。」他堅決地搖搖頭。

「你能欣賞別人的努力，而無法欣賞自己的努力，怎麼了？」

「我和他不同，我對自己的要求比較高。」

「你從什麼時候開始對自己要求這麼高的？」

小四時，阿牧考試考差了，開始對自己嚴格要求。

「你對自己這麼嚴格，你快樂嗎？你喜歡這樣的自己嗎？」

阿牧不斷搖頭，持續用面紙拭淚。

「既然不快樂，也不喜歡這樣的自己，你有試過其他的方法嗎？你想試試看嗎？」

阿牧想試試。

我先在這裡停頓，確認剛剛的談話並未讓他感到不舒服。接著，我問他：

「從剛才的談話中，你能感受到我很關心你嗎？」

他點頭。

「我有個邀請，如果你不同意，可以拒絕我。」

他同意了。

「我很關心你，我可以抱抱你嗎？」

阿牧開始大哭，無法自已，哭到後來，身體不時抽搐著。

哭了好一會兒後，阿牧站起身來，我也站了起來，抱住他，他也抱住了我。他的個子不小了，到我的胸口呢。我拍拍他的背：

「阿牧，謝謝你願意告訴我這些，你很有勇氣，許多大人都不敢把自己的脆弱告訴別人呢。你也很努力，你每次在作文課的努力，我都看到了。那你自己有看到嗎？你可以欣賞自己的勇氣與努力嗎？作文有時候寫不出來，可以慢慢來，我會陪你。你願意也給自己一些時間嗎？以後遇到困難時，你願意告訴我嗎？……」

阿牧不斷點頭，也不斷哭泣。

接納的擁抱

與阿牧談話之初，我的目標是：他先能寫出來，哪怕寫得再差都無妨。過了不久，我發現他真正的困難在於不允許自己寫得差，因此我很快調整了目標：探索他無法接納自己的原因，也引導他接納自己。

通常我在這個環節做得很順暢，無論對象是孩子或者家長，我都能成功引導他們與自己和解。然而，或許是阿牧的完美主義傾向太強烈，很難接納自己的不完美，也或許是我們的談話時間不夠長，探索與體驗都不夠充足，總之，這次我並不太成功，我不得不再次調整目標——接納這樣的阿牧，也接納這樣的自己。

如果我不能先接納自己，我怎麼可能真正接納阿牧呢？阿牧又怎麼可能在與一個不接納自己的大人談話後，做到接納自己呢？

因此，我在當下做了兩個「第一次」的決定——第一次在談話中擁抱孩子，第一次在作文課允許孩子交白卷。

對我而言，擁抱不是一種技巧，而是情感自然而然的流動。在那當下，我就是想抱抱這個對自己好嚴苛的男孩，多給他一些愛與支持。經由擁抱，我想傳達給他的是：就算你寫不出一個字，就算你無法接納自己，我會一樣關心你，接納你。

阿牧之所以放聲大哭，或許是因為感受到我對他無條件的關心與接納吧。而在不斷調整目標中，我也接納了自己。

接納自己是個甚為不易的議題。在成長過程中，除非有大人願意敞開心胸接納我們，否則我們難以學會接納自己。阿牧還無法自我接納，這無妨，我可以成為接納他的那個大人。我能接納自己，也不過是這幾年的事而已，如今，我也可以接納其他人了。

在這段學習對話的歷程中，我發現深刻的對話並不容易，不僅要有技巧、經驗，更要內在和諧，如果我們無法健康處理與父母、自己的關係，對話就不可能走得太深。

然而，在日常生活與課堂中，只要會簡單的對話就夠用了。深刻的對話並不容易，簡單的對話則人人可學，我在工作坊裡，常看到許多家長與老師經由刻意練習，便學會了簡單的表達與對話，他們回到家庭與課堂後，與家人、學生的關係都大有改善。

家庭與學校是每個人一生的基礎，我們曾經怎麼被對待，日後也會那樣對待自己與他人。若有更多大人學會對話，我們的孩子便有福了，孩子將會在愛與自由中成長，並且能看見自己的價值。

阿建老師的解說

志仲這一篇分享的對話，與父親的部分，運用了簡單的「回溯」，「可以走這麼遠呀。你是從什麼時候開始能走這麼遠的呢？」聚焦於父親開始練習走路，帶至父親回憶走路的時間，亦是具體核對了父親的認知。志仲繼而正向好奇，父親如何做到的？在進入父親的期待，聚焦於好奇父親可以怎麼達成期待？引導父親進入深思，如何意識自己達成期待，再落實於好奇父親如何實踐？

志仲這個簡單的對話，就是一場深刻的生活對話。志仲不給建議，不給道理，不給予安慰似的討好，也不給予含糊應對，父親就能有所實踐。

志仲離開前擁抱父親，這一個擁抱志仲走了多年，至今年開始擁抱父親，這是一件多不容易的事，他的改變之大，實踐了自我冰山轉化，落實於親子關係，這也是我讚嘆不已之處。我從聆聽他與父親衝突，疏離且怨懟多年，卻能疏通彼此的冰山，這是一份多大的禮物？我自己懂得擁抱父親，懂得與父親和諧對話，從一個孤僻疏離的個體，到與父親的和諧安然，歡喜與父親共處每一個時光，讓我身心都感到俱足盈滿，那是一段多美麗的旅途，在志仲身上看見父子的和解，我也有深深的感動。

他與學生阿牧的對話，更是直指阿牧的內在，在阿牧的渴望處工作，因為志仲這幾年來的姿態，從憤怒疏離不群，轉為定靜和諧安穩，因此對話很迅速轉入渴望，引導阿牧與自我接觸，並且給予阿牧一個擁抱，讓阿牧體驗一位教師的接納，以及一個遼闊的愛，阿牧深深的哭泣裡面，帶來的療癒自是慢慢開啟。志仲展現的不僅是深刻，更是一種寬闊的自在，讓愛在師生之間自然流動。

羅志仲在一九九三年進入東海中文系，當年他大學一年級，我已經大學四年級了，他是我的直屬學弟。

志仲在大學時期，雖然是直屬學長學弟，但是我們見面不多，互動應該也不多，但是他後來提及，那一年的大學時光，我曾寫過兩封信勉勵他。我向來與人疏離，寫兩封信勉勵學弟，實在不是我的風格，可能從學妹處聽聞志仲要休學？我盡盡學長的義務吧！此後我們便無聯絡了。直至二〇〇五年，志仲突然到我任教的山中學校，想看看學校的上課情況，我們又有零星互動。

二〇〇六年我在台中市開設作文班，在作文班現址創立協會，帶著志工陪伴一群少年，也帶一批中學生自學。志仲偶爾來幫我代課，直到三、四年前志仲提出要來寫作班觀課，我們逐漸頻繁互動。

志仲不僅每週準時來觀課，我更邀請他在課堂說故事，志仲是清華大學中文博士，在各個大學擔任講師，竟也願意接受這份邀請，偶爾在課堂講述故事，可見他願意紆尊降貴，我以為這是他很難得的特質，由此即可見他的實踐力，不難說明他日後擁抱父親，更勇敢提出擁抱阿牧的邀請，已經在他生命中顯現蛛絲馬跡。

他觀課整整一年，當隔年春天結束了，夏季課程重複來臨時，他竟然又出現教室，我請他不必再來了，因為他已經聽過了，但是他給我一個很有意思的理由，第一年聽我講故事，聽著、聽著發現，我在課堂與孩子的對話，他覺得很特別，因為一般人不那麼對話，他甚至在心裡揣摩對話，但相較於我的對話，他覺得自己揣摩不出來。

他又來課堂將近一年，算一算兩年的時光。我不知道他當初觀課的起心動念，但由此可見志仲在觀課、學習的積極，並且能持續下去，直到他卓然成家，成為一個自由運用對話與冰山的導師。

我與志仲的熟悉，大概是這幾年才開始，他在困頓時打電話來，甚至邀約我談話。我猶記得他與父親的心結，是他最困頓的點，他曾經請我與他父親對話，企圖透過我改變他父親，但是我問他是他想要父親來？還是他要父親來？他坦承是他希望父親來，我因此要他改變自己，他竟然主動找我對話了。

我曾邀約他參加工作坊，三天的工作坊我僅講座最後半天，但是我所有推薦書單，他都購入閱讀，並且與我討論，可見他如何勤奮以對。因為他的積極，我邀請他參與更多工作坊，包括我三天薩提爾作文師訓，周志建敘事工作坊，甚至邀請他自費參加張瑤華、成蒂工作坊，他都一一參與了。

他常與我分享談話、演講與工作坊，我除了分享自己的心得，也給予他一些回饋，他幾乎都欣然接納，更在與人對話卡住時，邀請我與那人對話，他在一旁觀看與記錄。

這是羅志仲老師與我的一段經歷，我敘述如此詳盡，有三個重點想說明。其一是志仲是我所有認識的人中，學習薩提爾的冰山與對話，最快速且最得精髓者，不僅如我能在現場示範對話，更能熟練的進入他人冰山。他的認真投入對話，讓我目睹一個人的轉變，以及專業的日益成熟，我認為人人都可以如此，像志仲與我一樣，志仲是一個典範。

其二是志仲的努力態度，當他內在卡住了，不斷向我求教，重新探索與重整他的冰山。此點除了顯示他的積極，也顯示他從未因為曾經內在和諧，而不承認自己內在的衝撞，最終趨於更寧靜和諧的狀況，他做了一個最坦然的示範。

其三是志仲劍及履及的自學，我所有閱讀的書籍，他幾乎都買來閱讀，這樣的好處是什麼呢？能與我對話時針對閱讀討論，深化彼此的閱讀洞見。

志仲這一年成長迅速，恰巧幫助更多教師，他將薩提爾模式導入教師訓練，甚多段落的設計都很精采，實踐大學馬琇芬老師曾提及：「在志仲老師的引導中，看見薩提爾模式課程化的可能。」

自從我與張輝誠老師認識，學思達將薩提爾運用於課堂，我屢次想將薩提爾的培訓轉化，不想只是依循過去前輩的教導，能將理論、實務與體驗性帶入訓練，因此近幾年發展了一些薩提爾課程方向，期望更積極有效的帶入培訓端。然而志仲的課程改造更快速，導入更實際有效，甚至已經超越了我的課程帶領，讓我感覺無比讚嘆。

志仲的分享分兩部分，他自述與父親的關係，以及與學生的相處，都十分不容易，對比過去我對他的認識，過去的他焦慮、略憔悴、孤僻不群，如今的他神態清爽安然、和諧穩定，帶領課程機敏深入，我仍舊只有讚嘆。

這五年來我年年都工作過量，雖然不曾感到疲憊，但是幸得志仲的出現，將冰山對話帶得如此出色，已經可以取我而代之，而且他已經四處講座，甚至遠赴福州、吉隆坡、新山、香港與新加坡，分享親子教養、師生溝通、班級經營、生命書寫工作坊，他融入了自我所學的功夫，更加上自己原本所長，帶出一條與我有別的工作坊路線，我看著他成長，無比欣賞他的成長。我徵得他同意將電子郵件信箱附上，俾便更多需要的人邀約：saidmolo@gmail.com。

二、覺察自己——英明國中公民老師郭進成

一個畢業生給我的畢業謝師卡有段話給我寬慰。

她說：「教給我的東西，我有些不小心忘記了。但我會努力記得您想提醒我們的事。不要輕易接受主流框架，要省思、要質疑。」

同時她也提醒我，要懂得適當和世人相處，不要太激進。

我也想告訴有時比較嚴厲的自己，孩子就是會不小心忘記了或沒有如我的期待表現時，面對這樣的狀態，我是不是能和當下的自己和內在情緒相處？當下的內在有哪些情緒呢？生氣與焦躁。生氣什麼呢？生氣孩子忘記了。焦慮自己沒有時間去處理不斷同樣發生的事。但因為這幾年接觸到李崇建老師，開始學習薩提爾模式的溝通姿態後，我比較能看見自己的冰山，也才慢慢懂得學生的冰山。

阿建老師提醒了我，薩提爾模式中的一致性是對自己。先安住自己的內

心，正視與覺察自己的情緒，當我的內在沉靜了，和學生的互動品質會比較好。

以「怎麼了」開啟與孩子的對話

例如前兩天課堂上，我詢問小羽問題，結果她完全不回答。請她站起來回答，她也不站起來。如果是過往，我一定會慣性反應，大聲斥責學生不專心或不尊重老師。現在的我在這一剎那，刻意多了點停頓，注意到自己的內在發生了很明顯的變化，辨視出自己的情緒有很大的翻攪。我決定不再以慣性反應來處理。

我對小羽說，「妳不站起來回答嗎？好，請妳要專心上課。」這時，我才察覺到她似乎僵住了。過了一會兒，她才恢復常態埋頭寫課堂引導單。

好奇她發生了什麼？趁著學生自學階段，我走過去問了她一句：「怎麼了？」小羽的眼眶開始匯集淚水，不一會兒淚水就滑落了，我問她發生什麼事？是擔心無法回答我的問題嗎？因為自學時間一下子就結束了，我匆匆對小羽說，下課請妳留下來，我想和妳談話。

下課後，我留了兩個孩子分頭談話。我先找小羽對話，談話前我深呼吸調整自己的內在，確定沒有負面情緒後，才開始說。對孩子說，可以說說剛剛怎麼了嗎？小羽直搖頭。

我接續說，老師很關心妳的感受，可以告訴我發生什麼事嗎？妳剛剛沒有回答問題。願意告訴我嗎？

小羽還是沒有回答，只是輕輕搖頭。

這時，我的情緒又湧上來了。我再次調整。我的情緒因為問話受挫而感到煩躁。這是我在心裡退了一步。提醒自己，我可以有不同的選擇。先不要追根究柢，先關心她這個人。所以，調整完呼吸和內在後，我簡單再詢問她的意願，確定她不想說話後，就讓學生離開了。

這個過程大概五分鐘，但對我來說，是好幾年的緩慢成長。很欣賞自己今天和孩子的互動方式，因為我沒有像過往咄咄逼人，願意給彼此更多的緩衝。

有時則是孩子犯錯，我會學習崇建老師的問話，你是故意的嗎？孩子回答，不是。卻也透露著愧色，這時我就可以和孩子談話。

「我看到你的表情有一些變化，你想到什麼嗎？願意和我說說嗎？」學生也比較願意多點回應。

其實，不是我到底和孩子說了什麼。而是我怎麼說。

退一步傾聽

當我學會了較為後退探詢的談話姿態時，往往也發現和孩子的對話比較有品質，不容易滋生更多的情緒。孩子也能平靜下來。是我的「自在」幫助了彼此的心境：我看見了我在生氣，願意進一步和自己的生氣多點相處。

教師的角色是我的一部分，但什麼時候和學生進行談話是我可以選擇的。如何和學生進行談話也是我可以選擇的。

常常走進原本的習氣裡，幸好，現在看到那條熟悉異常的街景時，比較有所覺察可以提醒自己不妨選擇換條路走。

有時卻不能，我也常不小心走回頭路。

走錯路，就停下來一會兒，確認一下。再掉轉方向就好。給眼前犯錯的學生和犯錯的自己換個對話的方式就好。

不只如此，在課堂中，運用適當的對話技巧也可以幫助我更了解學生，也可以幫助學生更有體驗的學習效果。

例如有一次公民桌遊社課程內容是請學生上台分享，自己玩過最有感、最印象深刻的一款遊戲。

報告三分鐘就好。

前幾週請學生開始準備，寫講稿，大約六百字左右。

為了增加學生上台報告的動機，上週還特別放了「遊戲改變世界」的TED演講。

對學生說，遊戲真是一門學問。又好玩又有意義。

但很多大人都不能理解，如果你有機會向大家介紹你喜歡的遊戲，你有三分鐘，你想說什麼呢？

終於到今天的上台時刻了。

有孩子介紹了捉迷藏、密室脫逃（手遊、電腦、實體）、陰陽師手遊、大老二等各式各樣的遊戲。我在台下聽著學生的分享真是大開眼界，也更了解他們的世界，介紹這些遊戲的學生幾乎都能如數家珍的加以説明。太有趣了。

最後一個上台報告的女孩是一個話很少，上課參與消極的學生。有點好奇她想分享的遊戲是什麼？

「我想分享的遊戲是捉迷藏，捉迷藏大概可分三種類型，一種是傳統捉迷藏，另一種是替死鬼捉迷藏，最後是我最愛玩的感染捉迷藏。我常玩最後一種，我都是贏家。」

報告結束。

我笑笑的問她，可否簡單介紹那三種捉迷藏的差別？她才進一步清楚説明了三者區別。

我再問，妳説妳喜歡玩第三種，而且也贏了，可否説一下是在哪裡玩的？如何贏的？什麼時候玩的？

天啊，好慶幸我現在懂得和孩子對話時要多點細節的詢問，一問之下，根本挖到寶啊。

她説她是在小六的畢業旅行時，召集同校四十五個不同班的同學一起在某處遊樂園玩感染捉迷藏的。

妳籌畫的？

對啊，我還有製作名單，讓當鬼的人可以確認有沒有捉到該捉的人。

妳們的活動範圍呢？整個遊樂園啊。

玩了多久？二個多小時？

妳都是贏家？怎麼贏的？

我躲在摩天輪裡。哇，厲害。還有呢？旋轉木馬。

最驚險的部分？

有一回我躲在草叢中，差點被鬼看到，幸好我朝遠處丟東西引開他注意。

今天剛好有雄商的陳老師前來觀課，課後和她議課，問她的想法，她說這個孩子根本是遊戲設計師啊。

我也這麼想，她能主動召集一群不同班的同學，還懂得製作名單讓鬼確認，真的很厲害。

很出乎我意料。沒想到這個上課總是趴在桌上的孩子，也有這麼一段往事。

要不是我展開這樣的對話，又怎麼可能挖掘出學生這麼豐富極具創意的過往呢？能夠採取這樣的對話，真的讓我更容易了解學生的生命故事啊。

阿建老師的解說

初遇郭進成老師，我印象非常深刻，時間約在二〇一三年的靜宜大學，進成同夫人馬琇芬老師參加研習。我在台前示範冰山對話，示範的對話者垂淚失聲，台下的進成也泣不成聲，乃至於他發言回饋，數度哽咽不能言語。

我看見一位性情率真的男人，毫不掩飾自己的眼淚，展現了大方且深情的一面。近一年來我常見進成夫妻，他們多次參與薩提爾研習，並將對話推動至教學現場，不斷將對話運用於師生，我常常升起一股感動。

他分享的此篇文章，我也有很多感動。

他分享的內涵，不只是如何和孩子應對？最精采的地方，是他真誠面對自己，看見並檢視了自己，冰山流動的那一瞬間。當小羽不想說，進成簡筆表達了冰山，熟知冰山系統者，應看出這個簡筆多不容易！我彷彿看見他內在冰山，如何經歷衝擊與轉換？進成簡短的文字，在我腦海裡有深刻畫面，如同緩慢的攝影機，那一段短短的歷程，我也經歷了他冰山的掙扎、澄清與決定，卻是那麼的不容易，那是一個學習者冰山的自我剖析，相當珍貴且值得借鏡，非常適合所有學習冰山者參考。

進成的第二個範例，運用了「回溯」方式，好奇孩子的生命。我在冰山工作坊邀請學員，將「回溯」刻意帶入生活對話，也刻意帶入冰山前探索，進成的運用如此自然，在課堂中的回溯對話，有更豐富的發現，也讓自己更親近、了解孩子。

進成的運用是美好的示範，「回溯」不僅運用在應對問題，能了解問題的成因，也能運用於一般應對，成為一種好奇的素養，更貼近孩子的生命，師生互動就豐富了。

三、學習原諒的孩子——雲林縣斗六市鎮東國小教師蔡志豪

班上某幹部，上課前要負責提醒同學排隊。連續兩次忘記。

我說：「怎麼了？你是故意的嗎？」

小連：「不是。」

我：「那怎麼辦呢？要怎麼提醒自己？」

小連：「……」

我：「需要老師提供你想法試試看嗎？」

小連：「好。」

我：「寫一張便條紙在桌上，隨時提醒自己，好嗎？」

小連還是有忘記的時候，他下一次忘記時，我口頭提醒。第三次忘記，除了口頭提醒，並請他留下來對話。

我：「怎麼還是忘記提醒同學呢？你用了老師的方法嗎？」
小連：「……」
我：「小連啊，老師很好奇，你這次是故意忘記的嗎？」
小連：「不是。」
我：「那發生了什麼事，讓你不是故意忘記，卻還是忘記了呢？」
小連：「……」
我（我根據我的觀察給予封閉的選項）：「下課在跟同學玩嗎？」
小連：「嗯！」
我：「你喜歡跟同學玩嗎？」
小連：「嗯！」
我：「謝謝你啊，我知道了。」
（曾耳聞小連在之前的學校和同學相處似乎有一些狀況，於是我深呼吸，繼續問。）
我：「那你比較喜歡之前學校的同學，還是現在的同學呢？」
小連：「現在的。」

我：「小連啊，我很好奇，你怎麼會比較不喜歡以前的同學呢？」

小連（開始哽咽落淚）：「因為我以前被排擠。」

我：「怎麼會這樣呢？被排擠很難過對嗎？」

小連：「嗯。」

我：「我知道你很難過，你還想繼續跟老師分享嗎？」

小連點點頭：「嗯。」

被排擠的過去

接著我利用核對與探索，得到大約是如下的訊息。小連一直跟之前的一位同學很要好，也常常玩在一起。但或許小連太重視這位朋友了，而不准這位朋友跟其他同學要好。於是，有一天，這個同學突然不跟他好了，同時似乎也聯合班上其他同學一起排擠他。

那是小連最好的朋友，因此小連很難過。

我接著問：「你現在還生小紙（化名）的氣嗎？」

小連：「沒有。」

我：「謝謝你。老師很好奇，如果是我，我會覺得生氣呢。所以你只是難過沒有生氣嗎？」

小連：「嗯。」

我：「那我覺得你挺了不起的，可以原諒別人呢。小連啊，假設，我要請你跟兩年前被排擠的小連説説話，你會想跟他說什麼話安慰他呢？」

小連：「不知道。」

我：「嗯，我知道了。那……你想聽聽老師的意見嗎？」

小連：「好啊。」

我：「嗯。謝謝你。那我們來試試看喔。我把你當成那時候的你，來對話喔。

小連啊。小紙本來是你最好的朋友，但他卻突然不理你了。而且還跟全班説不要理你。我知道你一定很難過又很孤單。即使如此，你還是很努力地忍耐，忍耐著不讓老師或其他同學發覺你的不在乎。又要忍受難過孤單，又要表現不在乎，你真的很努力啊。謝謝你。我只是要讓你知道，我會愛你。」

小連邊聽邊落淚。

我：「這樣說可以嗎？」

小連：「嗯。」

我：「好啊，謝謝你願意聽。那假設小紙現在坐在這裡，你有沒有什麼話想要跟他說呢？」

小連：「……我不知道。」

我：「嗯，那老師也說給你參考看看好嗎？小紙，謝謝你曾經是我最好的朋友。或許我做了一些事情讓你討厭我，但我想讓你知道，我真的不是故意的，我還是很想跟你做好朋友的。雖然，後來你討厭我，讓我很難過，但可能你的心裡也一樣難過吧。我想要原諒你，希望你也能原諒我。」

小連又泣不成聲。

我：「小連啊，謝謝你陪老師聊。我現在想問你。你知道有誰會愛你嗎？」

小連：「我自己、老師、家人。」

我：「謝謝你啊，是啊，還有很多人會愛你喔。」

感想與學習

在班上進行薩提爾對話的心得，好奇事件背後的困難，就會看到一個人的資源。

平心而論，在班上要進行這樣的對話練習，是不容易的。因為，在一般習慣的師生互動中，師生總是對立的，當老師想跟孩子對話時（通常是訓話），都是孩子有了狀況，才會被老師找來「對話」，當習慣了這種模式，孩子一開始面對老師（或大人）時，自然就開啓了防衛模式，開始想為自己脱罪或辯解。

因此面對孩子的錯誤，我努力的練習：先深呼吸，先抽離我想解決事件、想説教的習慣。慢慢的，開始試著，好奇他的選擇，慢慢的，比較能真誠的詢問他發生什麼事。而這個好奇的理由，一個人不是故意這麼做，卻還是這麼做了，裡頭一定有他的困難，我好奇，也心疼他的選擇，因為如果他不是故意的，當我指出他的錯誤時，其實孩子也會自責的。

但在真正的對話之前，其實我還有一個關卡，是我沒辦法只叫孩子的

「名」。因為阿建老師說，對話中的停頓很重要，而透過叫對方的名字，則是很重要的一個停頓技巧。如果只叫「名」，則會讓對方有較放鬆、較親切的感覺。

可是以往我要叫孩子的名字時，總是有「事」需要「處理」了，才會叫他的姓名。而且既然要「處理」事情，我自然就會開始用「威嚴」（或威脅）的口氣，連名帶姓的，充滿霸氣的，叫學生過來。

但當我開始對學生練習薩提爾的對話時，突然發現，我，我沒辦法只叫學生的「名字」，那種情境，使我卡住了。那是一種很難言喻的感覺，就是，很不對勁！對我來說，這就是所謂的「體驗」吧。原來，體驗自己的冰山框架，真的需要練習，才有機會突破。於是，在我卡了很多次之後，我終於可以比較坦然的只叫學生的「名」來和他們對話了。

當我可以開始練習，面對事件時，不說教、不指責，我發現孩子似乎比較能夠卸下心防，願意分享他的內在。因為孩子開始發現，我們找他對話，不是要教訓他，只是，陪他一起好奇他的選擇。很多時候，孩子緊張的情緒一鬆懈，眼淚自然就流了下來。許多原本我們以為的愛計較、愛找麻煩、不負責任的孩子，就在那個當下，鬆動了他對他自己的認知。

原來，孩子也只是希望得到愛、擁有價值、渴望自由。於是，在薩提爾的對話之下，在探索與核對的脈絡下，我和孩子一起體驗他所經歷的情境，感受他的選擇，經歷他的困難。即使，他所陳述的情境，或許是他主觀的感受，或許不是最客觀的事實，但我也不斷在省思，透過對話，我到底可以給孩子什麼呢？透過對話，我希望孩子可以知道有人會陪伴他、支持他，更重要的，讓孩子能夠愛他自己。

謝謝你，我的孩子們，願意和我一起重新認識你自己，謝謝你，我的孩子們，也讓我重新認識了我自己。

阿建老師的解說

我與蔡志豪老師相識，於二〇一七年二月三天薩提爾研習，志豪老師很有活力，言談充滿著幽默感，在姿態上也很多打岔，對學思達充滿熱情。

我再次見到志豪，與第一次的相逢，已經時隔半年。地點已在志豪任教的雲林，也是張輝誠老師家鄉，一場學思達大型研習。我看見志豪坐落席間，與發言的老師互動應答，思維嚴謹且不疾不徐，姿態沉靜專注且和諧，與我半年前的印象不同，我很讚嘆志豪的寧靜和諧，與我初遇的面貌大不相同，那是他生命豐富的一面。

志豪書寫的事件，是導師班級帶班的面貌，當學生幹部失職了，教師如何應對？除了在協助孩子負責之外，是否還有更多元的方向？了解、接納與引導孩子，深入問題的成因？成為孩子生命中溫暖、堅定的存在。

志豪和小連的對話，起自於教師看見幹部「失職」，教師與小連對話，探索孩子發生了什麼？教師如何協助孩子解決問題？

近年腦神經科學發展驚人，新發現指出神經元是一個迴路，某個迴路一再被活化，成為一個預設狀態。因此人為何一直發脾氣？為何遇特定人事物而浮躁？乃至於孩子分心、晃蕩不安？可能與成長期間被對待有關。當人感到安全與被愛，大腦擅長探索、遊戲與合作；當人常感到恐懼與不被需要，大腦會專門處理害怕與被遺棄的感覺。小連經常忽略職責，分心而不在狀況中，這樣的情況屬非理性行為，大人一旦面對問題處理，僅回饋以理性的應對，通常對孩子沒有幫助。

志豪一開始的處理，雖然針對問題應對，但是志豪甚細膩的核對，期望孩子能覺知、提醒，改善疏忽職責的狀況。小連又疏忽了幾次，志豪接著關心小連怎麼了？

志豪與小連的應對，可見小連幾乎沉默以對，我腦海裡面呈現的詮釋，出現小連緊張的畫面，也許並非如此，因為志豪並未著墨。志豪關心小連「這個人」，不是指責他未盡責，並且以一個導師的敏銳度，理解孩子很重視朋友，因此玩耍而忽略了職責，志豪很敏銳的好奇：「那你比較喜歡之前學校的同學，還是現在的同學呢？」

這樣的一句話，切入了小連的冰山，開啟了小連一連串的過往，志豪甚有耐心的在小連「渴望」層次，進行了滋養。這是冰山對話中，最深刻也最不易進入的對話，尤其志豪以導師的身分，而非一位專業輔導者身份，讓小連接觸「自我」。在冰山脈絡中，連結渴望、接觸自我，是轉化的一部分，在我後來閱讀腦神經科學的理解，這屬於非理性回應的一部分，卻是孩子最需要，也最能轉變的一部分，這也牽涉腦神經如何更動迴路。

志豪與小連的對話，我有無比的讚嘆。

然而志豪的對話甚不易，不止引導不易，還有志豪坦言過去連喚學生名字，他都很難做到，屢屢卡住了。我猶記得三天工作坊，志豪似乎提及喚名的困難，不過半年多的時間，志豪已經很習慣喚名，內在也比較放鬆了，這是透過外在改變，影響了內在的冰山，志豪的分享太有意義了。

四、被誤解的孩子——高雄市福山國中教師黃尹歆

鐘聲已打響，外掃區的幾個人才剛進教室，趕著收拾書包要去音樂教室上第七節課，衛生股長告狀：小勝沒來外掃區。

跟衛生股長不太對盤的小勝，這時滿頭大汗、臉部扭曲出現在門口。

我問：「小勝，你沒去外掃區嗎？」

小勝：「我去交健教考卷啊，等我去外掃區的時候，他們已經走了！」

衛生股長：「你真的有去嗎？」

小勝對著衛生股長大罵「幹！」

接著小勝咆哮：「我在辦公室等健教老師啊！」

經過衛生股長的桌子時，小勝用力地敲了他的桌面。

「敲壞要賠的啊！」衛生股長冷冷地說，離開了教室。

「幹！」小勝又對他大吼。

我交代其他人跟音樂老師說一下，讓他們離開，把生氣的小勝留下來。

我請小勝先坐下來。

我問：「怎麼了？」

小勝眼眶竟然就紅了說：「老師說要登記成績，第七節以前要送到辦公室，所以我先拿去辦公室啊！我又不是沒去外掃區！」

我問：「你很生氣？」

小勝看前方，不看我。

我繼續問：「因為被誤會嗎？」

小勝點頭。

看著小勝，我停頓了一下。「以前有被誤會的經驗嗎？」

小勝說：「有。」

我問：「很難過嗎？」

小勝用衣服擦眼角。

我繼續問：「被誰誤會？」

小勝說：「媽媽。」

我：「你要告訴老師嗎？」

小勝頓了一下，搖頭，再次用衣服擦眼淚。

看小勝難過我也感到心酸，想起專輔老師告訴我的事，他小五小六因為父母鬧離婚幾乎要拒學的過往……。

我：「沒關係，哪一天你想說，再告訴老師好嗎？」

小勝點頭。

我說：「也許你願意讓老師知道後，我們可以想一想，以後再遇到被別人誤會時我們可以怎麼做？」

我起身去開了電風扇，教室跟烤箱一樣。

回來後我問：「你現在好多了嗎？」

小勝點頭。

我問：「你知道衛生股長為什麼這麼在意你沒到嗎？」

小勝楞了一下，說不知道。

我接著說：「外掃區沒做好，他第一個要被學務處扣分啊，所以壓力很大。你可以理解他的難處嗎？」

小勝說可以。

我說：「好，你要去上音樂課了嗎？」

小勝點點頭。

背起書包離開的小勝，臉上的線條已柔和許多。

以前，我大概會先唸小勝這樣的學生：「幹嘛生氣？而且還罵髒話！」再以衛生股長的壓力來說服他同理，也就是先壓下學生的怒氣再導之以理，通常學生會因為我是導師，耐著性子聽話，氣最終還是會消，但過程總是很費力，比之於今天的經驗，先關心孩子的情緒，孩子的憤怒竟然馬上就降下來了，我非常驚訝。

感受蘊藏著冰山底下的祕密，孩子用眼淚告訴我：老師，我的憤怒有從前的委屈。

我會靜靜等那個故事的到來。

學習薩提爾的改變

認識崇建老師後，去年開始參加高雄市教師會舉辦的「薩提爾成長課程」，我以為學了之後，可以帶回學校，幫助老師幫助學生，殊不知，薩提爾的內涵是「幫助自己」。

在老師的帶領下，我們從「冰山」開始探索，在課程裡體驗「雕塑」帶來的震撼，「覺察」自己的情緒進而辨識它的訊息，畫「家庭圖」看家庭如何塑造自己……每節課無不是情感與腦力的激盪。

我對自己的了解還滿有自信的，可是有一次，當老師要我們跟夥伴說一件十八歲以前很挫折的事，我說了國三發生的事，當我一說完竟開始耳鳴，持續了幾分鐘。老師說，當我們對自己的內在愈有覺察，連身體都會有反應，這樣的情形，已經第四次，前三次出現了心悸、頭痛和疲勞，原來，這世界上最難的功課就是「面對自己」，我的身體察覺了自己內在的抗拒，面對這些身體反應，我不得不仔細聆聽。

有了覺察，面對感受，不再只是壓抑或逃避，我的心反而有更大的寧靜。

寧靜，使自己能更快與學生連結，於是，在學生暴走時，關心他的感受，當下竟發揮奇妙的效應，我開始明白崇建老師《對話的力量》裡要傳達的核心，《心教》中以前看不懂的道理，現在開始有了脈絡。

學習薩提爾模式，讓我對人性有全新的看法，原來每個人都是一座山，不管年紀多大，外表多冷漠，冰山底下都有故事，每個故事都連結著愛，那些悲傷、痛苦的故事裡，為了求生存，為了得到愛，我們無不竭盡所能。為此，我對人充滿了尊敬，我想，就是這個尊敬生出了好奇，開始帶著我在對話裡探索，難怪崇建老師總是說他在愛裡工作，「愛與希望」是我初學薩提爾模式以來最大的感動。

阿建老師的解說

我與尹歆初識於三年前，她很積極的學習，邀請我到福山國中演講，也參與了我的工作坊，以及見曄師的工作坊，她給我的印象，總是具有滿滿的熱情，很照顧身邊的人。

此篇文章主角小勝，與衛生股長有衝突，教師能夠這麼冷靜觀察，而不是在每個爆發點介入，真的非常不容易。比如小勝罵粗話、小勝敲桌子、衛生股長冷言、外掃區掃地未解決，對一般教師而言，若不出手干預，那非常困難。我不知道尹歆是否在現場，若是在現場，那真是不容易，若是不在現場，尹歆與小勝的對話，並未一件一件質問，而是好奇孩子發生什麼事？這也是非常令人欣賞，但是看這篇文章的脈絡，尹歆當時應在現場。

尹歆從小勝的憤怒切入，指出小勝是否被誤解？小勝的憤怒、誤解被理解了，因而落下了眼淚，轉而為難過的情緒，這是冰山的第一層次接觸。尹歆接著使用了「回溯」，以「誤解」為主題，因為小勝遭遇誤解，所以有那麼大的反應，那意味著小勝對「誤解」的訊息反應，值得探索發生了什麼？才有機會幫助小勝解除這樣的反應。

身為教師的尹歆，知道那是小勝的主題，邀請小勝談一談，但尊重小勝的選擇。雖然小勝拒絕了尹歆，但是尹歆的提問裡，從外掃事件對冰山情緒的接觸、探索，已經做到了初步的「述情」，尹歆更深入回溯了「誤解」，小勝曾被誤解的答案是「媽媽」，從外掃區未掃地，被衛生股長指正，牽引出「誤解」的主題，再帶至被媽媽誤解，這樣的線索很精采。這看似不相干的兩條線，實質上確能透過覺察，漸漸引導孩子「述情」，進而釋放與更動孩子身體與情緒的反應。這份被埋著的情緒，身體與情緒常常喚起的部分，隨著對話的觸及，雖然孩子未答應深入敘述，但是這個冰山一角的碰觸，也有助於孩子療癒。

尹歆最後才以衛生股長的事件，與小勝進行對話，讓小勝了解股長的在意，那也是讓小勝理解股長的冰山一部分。尹歆透過理解小勝的冰山，澄清小勝一部分冰山，繼而陳述股長的冰山觀點、期待，小勝也就很願意接受了，尹歆做得實在太令人激賞了。

尹歆自己的冰山，放在分享之後的回應裡，她在自己回溯過往時，覺察了自己身體的感覺，在這些感覺的呼喚中，正是身心在召喚與自我的相遇，給予自己關注、接納與愛，能夠給予自我關注了，也就開始愛自己了，更能寧靜和諧的愛孩子了。

五、初次體驗冰山——至善國中地理老師李雅雯

薩提爾三天工作坊回去，一到課堂，馬上接到許多學生對於A的投訴。A來自單親，父親經營早餐店，人手不足，常常需要A請假到早餐店幫忙，去年家裡搬家到北屯，父親也讓孩子請假五天協助搬家。他有氣喘病史，搬到北屯後常腹痛感冒，早上常常傳訊息告訴老師身體不適，或是需要回診看醫生，三天兩頭便請假。

寒假輔導時，他只有第一天有來，下午的寒輔留校自習也缺席了。A有傳訊告訴我，他身體不適需要請假。但是班上學生告訴我，A在請假的時間，下午從北屯到位在西屯的學校打籃球。於是，我請A來找我。過去的我，應該會爆氣演出，但三天的薩提爾過後，我想試試看從冰山的感受切入。

我：「老師請你過來，是因為聽到同學說你在請假的下午，來學校打籃

球，我想知道同學說的是真的嗎？」

A：「嗯……是真的。」

我：「你覺得老師聽到之後，會有什麼感受？」

A：「生氣。」

我：「老師還真的有生氣的感覺，但也有一點點難過。我不知道你發生什麼事情了，傳訊告訴我你身體不舒服，怎麼還來學校打籃球呢？？」

A：「我早上休息一下，也吃藥，身體比較好一點，下午來學校已經三點多了，想說自習的時間也快結束，進去又很尷尬，所以就在外面打籃球。」

我：「所以，你的意思是你來學校太晚，進去自習又怕尷尬，所以在外面打籃球了。」

A：「對啊！」

我：「老師很好奇，你對於同學跟老師說這件事情的感受是什麼？」

A：「同學應該覺得我是故意請假，不來學校的。」

我：「那你呢？你怎麼看待自己？」

A：「覺得有點難過，因為真的不舒服，需要請假。」

我：「除了難過，還有別的感受嗎？」

A：「生氣！」

我：「是生誰的氣呢？」

A：「爸爸吧！因為爸爸只會要求成績，我早上不舒服，有時候他回到家，其實我已經吃完藥，比較好了，他就會質疑我，早上為什麼要請假？對我生氣。」

我：「老師知道你生氣跟難過，還有其他的感受嗎？」

A：「覺得滿累的，有時候要很早起來，會想要多躺一下。」

我：「老師知道你的情形，這麼冷的天氣，一個人要好早起來，搭一個多小時的公車來學校，真的不容易。」

A：「我也不想要常常請假，但有時候就是……」（停頓，眼睛紅）

我靜靜看著學生，停頓，感受停頓的力量。

A：「老師，我以後會儘量準時到學校。」

我感覺自己在微笑：「老師很好奇，你剛剛怎麼突然停下來，然後說要準時來學校，發生什麼事情了嗎？」

A：「覺得自己不來學校，會有很多東西聽不懂。」

我：「這樣聽來，請假回到學校，真的多了很多東西要補回來。聽不懂的地方，怎麼辦呢？」

A：「我會利用下課去問○○○，他都會教我。」

我：「同學會教你，你也會問，那很好唷！回到今天我們談話的原因，下次遇到寒假輔導的狀況，有想過其他的處理方法嗎？」

A：「就等到下午五點，留校自習的人下課了，再去打籃球。」

我：「那三點多到五點的時間呢？怎麼辦？」

A：「就去問值班老師，可不可以進去看書。」

我突然驚覺，學生都說出我原本想說的話了，是我無意間告訴學生，還是學生真實的想法啊？

我：「你的想法很周到，不過，老師想告訴你，以後早上身體不舒服，需要請假，還是要請假，老師相信你有請假的需要。」

A：「老師，我知道啦！」

這段對話過後，到現在開學兩週，A只請假一次，其他時間都準時到校。

我不清楚這一次的對話，有沒有產生影響，後續也沒有再追問，但是，與A談話的當下，我覺得有更多地方，是我可以再多做好奇的試探，但是，三天沒出現的地理老師，有好多班務及課務要處理，我好難專注在彼此的對話。薩提爾需要安全安靜的對話空間。

阿建老師的解說

我與李雅雯老師認識，是在二〇一七年二月三天工作坊，對她的印象是活潑、亮麗，但有一點兒打岔。其後我在零星的演講場合，會看見雅雯坐在觀眾席，默默的沉靜坐著，像個寧靜乖巧的孩子，那是她的另一面，偶爾她會過來打招呼，很像家人一樣的溫暖。

我看見雅雯的對話，心裡充滿感動。

雅雯的路徑，在第一句問話時，雖然在感受上面提問，但不是去探索孩子的感受，問的是教師自己的感受，問孩子知道自己感受嗎？這不是我教的路徑，是雅雯個人風格，因為雅雯也像天真的孩子。一般人走這個路徑，會陷入要求他人同理自己的狀況，但是雅雯這裡走的路徑，看出雅雯在對話過程中，和自己的內在不斷連結的狀態，切回了和孩子感受連結的目標。

雅雯在感受的連結與工作，做得很細膩且懂得停頓，很有耐性的不斷輕敲，這是非常不容易的探索，從生氣爸爸、難過身體、日子的疲累，孩子的難過具體的呈現，並且在孩子體驗難過時，靜靜的等待停頓，引導出孩子對自己的期待。一般人在感受層次的探索，不會那麼細膩豐富，也不會那麼有耐性，可見她顯現出寧靜的一面，自有其自身的資源，顯現於對話之中。

孩子訴說自己的責任，雅雯並未質疑、教訓與責罵，而是充滿好奇。那是對一個孩子的相信，也並未因為相信而放任，這是很多師長困惑之處，不知道該如何面對這樣的孩子。雅雯提問的方式，好奇他時間的規劃，都不是以質疑的問句進行，也很值得教師參考，將好奇的提問與責任連結，讓孩子自己敘說責任，如何落實在日後生活？

雅雯更了不起的是愛，她還是以接納的心靈，告訴孩子若身體不適，仍舊要以身體為重，那就真的需要請假。她展現了教師的接納與愛，我設想自己遇見雅雯老師，我會感受到真正的理解與關懷，會覺得這個世界有一道光，那道光不止讓我感覺愛，也讓我感覺一種力量，我不能放棄那樣的愛與力量。

當家裡的爸爸，給予的期待高過愛，因此讓孩子感受到壓力，但學校的老師給予我愛的感覺，那是我存在世界的體驗，體驗這世界上有一個這·樣·的·人，是這樣對待我，這是我教師最美好的標的。

最後這個孩子「開學至今兩週，A只請假一次，其他時間都準時到校。」

雅雯的目標不是解決問題，而是以愛孩子為目標，讓孩子連結了渴望，他就能逐漸為自己負責，我為雅雯的對話感到感動，也感到無比的驕傲。

終章

學習冰山需經過一段歷程，
彷彿看魔術師表演，
有時以為自己明白了，卻不容易運用出來，甚難進入堂奧一探究竟。

冰山是一幅美麗的圖像，豐富且深邃的隱喻，我自二〇〇〇年左右學習冰山，運用於覺察、教育、溝通、職場與助人工作，彷彿踏入一幅美麗風景。

學習冰山需經過一段歷程，早年看貝曼運用冰山，不僅自由且細膩，簡直出神入化，釐清人的困頓與困惑，連結人自我的強大力量。我身為學習者，彷彿看魔術師表演，有時以為自己明白了，卻不容易運用出來，甚難進入堂奧一探究竟。

不止我個人如此，我身邊的學習者，據我的觀察亦是如此。

我因此採取土法煉鋼，不斷透過錄影帶，觀看貝曼的晤談記錄，也反覆浸潤貝曼對話文字稿，並且在師生對話裡實踐，逐漸領略其中滋味。冰山熟練之後多年，我開始分享冰山對話，學員亦不易精深冰山，甚至入門的對話也不易學，我原以為這是常態，冰山需要浸潤多年，且自身需深刻體驗，方能穿梭其間運用自如。

隨著我講冰山數百次，繼之學習正念、托勒與列汶，深入探索童年創傷，並且以薩提爾模式為家，至二〇一七年整理一新的框架：「將冰山與個人成長年表成十字交織，將冰山感受區分為感官感受，以及情緒感受，以順序覺知身心，如一網狀羅列脈絡。」

我以幾個目標為冰山對話順序：

探索：以人為主、回溯成因、具體事件。

表達：我訊息、規則。

核對：語意、期待、界線、目標、冰山各層次。

體驗：述感官、述情。

轉化：資源、渴望。

落實：回到問題如何面對？

這幾個談話順序，亦如年表與冰山交織，可以運用於生活，亦可以運用於輔導。

比如我的新加坡好友，卓壬午先生曾給我溫暖回饋，他以此脈絡對話，每個月主動和一百歲的老奶奶談話，凝聚了家人的核心，聚餐時放下了手機，聽老奶奶分享故事，了解老奶奶過去感人的生命故事。

從台灣、新加坡、馬來西亞、大陸與港澳，多人跟我回饋，與孩子的對話更容易了，改變了彼此的關係。現場的輔導教師，也覺得這個脈絡易上手，在對話過程中，不止改變與孩子的關係，更漸漸改變了自己，因此新加坡的陳君寶先生，馬來西亞的林瓊蘭女士及薩提爾全人發展協會，大陸的培訓機構，都長期開立培訓的工作坊。台灣則以學思達教師為首，將對話脈絡交織進入課堂，以及師生關係中，這都得感謝張輝誠老師的推動，以及企業家們的支持，學思達教師的好學。

這個脈絡框架的形成，是我在二〇一七年重新整合，在冰山教學上比較易懂了，也有夥伴如羅志仲老師，能精進深化且各處分享，令我感到開心振奮。這本書裡所呈現的，正是個框架的部份展現，另一部份則有待下一本書呈現。

我也感謝上述有心人，以及書裡所有提及的朋友，他們溫暖的回饋，讓我在覺知身心，以及助人之路上，能行走深化至今……。

父母的冰山

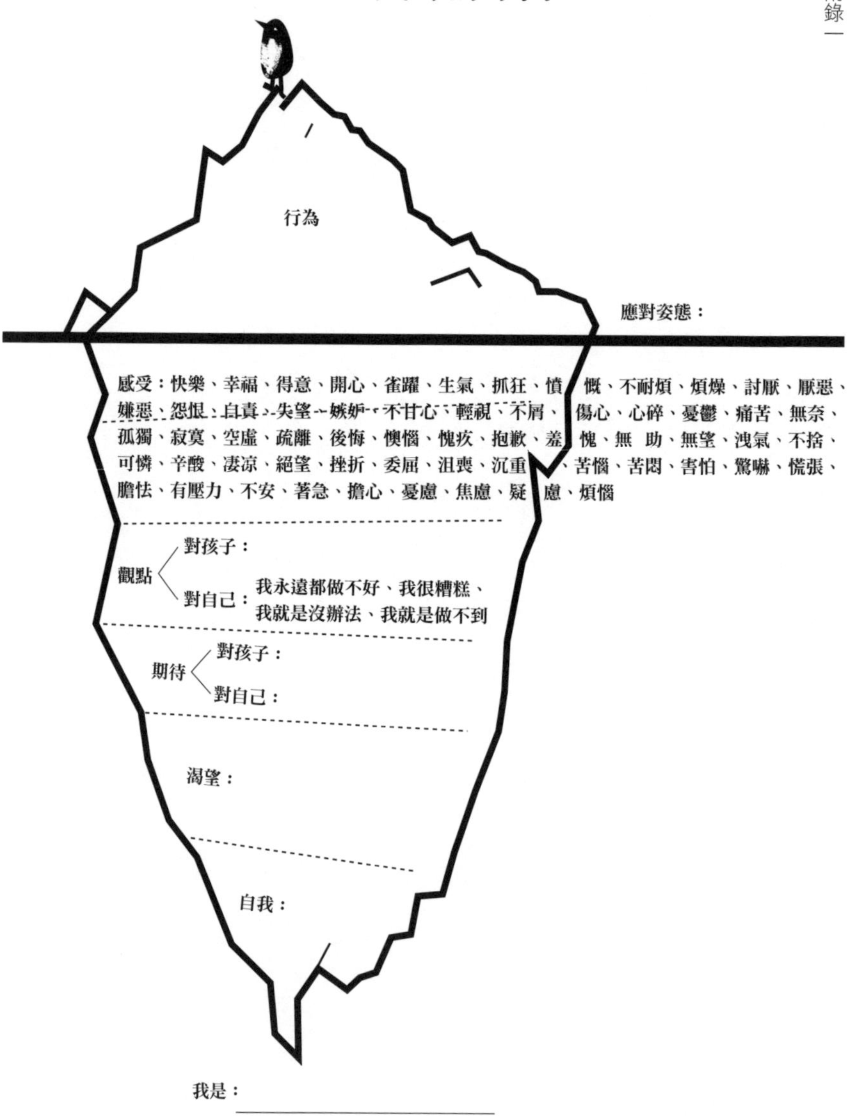
行為
應對姿態：
感受：快樂、幸福、得意、開心、雀躍、生氣、抓狂、憤慨、不耐煩、煩燥、討厭、厭惡、嫌惡、怨恨、自責、失望、嫉妒、不甘心、輕視、不屑、傷心、心碎、憂鬱、痛苦、無奈、孤獨、寂寞、空虛、疏離、後悔、懊惱、愧疚、抱歉、羞愧、無助、無望、洩氣、不捨、可憐、辛酸、淒涼、絕望、挫折、委屈、沮喪、沉重、苦惱、苦悶、害怕、驚嚇、慌張、膽怯、有壓力、不安、著急、擔心、憂慮、焦慮、疑慮、煩惱
觀點
對孩子：
對自己：
我永遠都做不好、我很糟糕、
我就是沒辦法、我就是做不到
期待
對孩子：
對自己：
渴望：
自我：
我是：

孩子的冰山

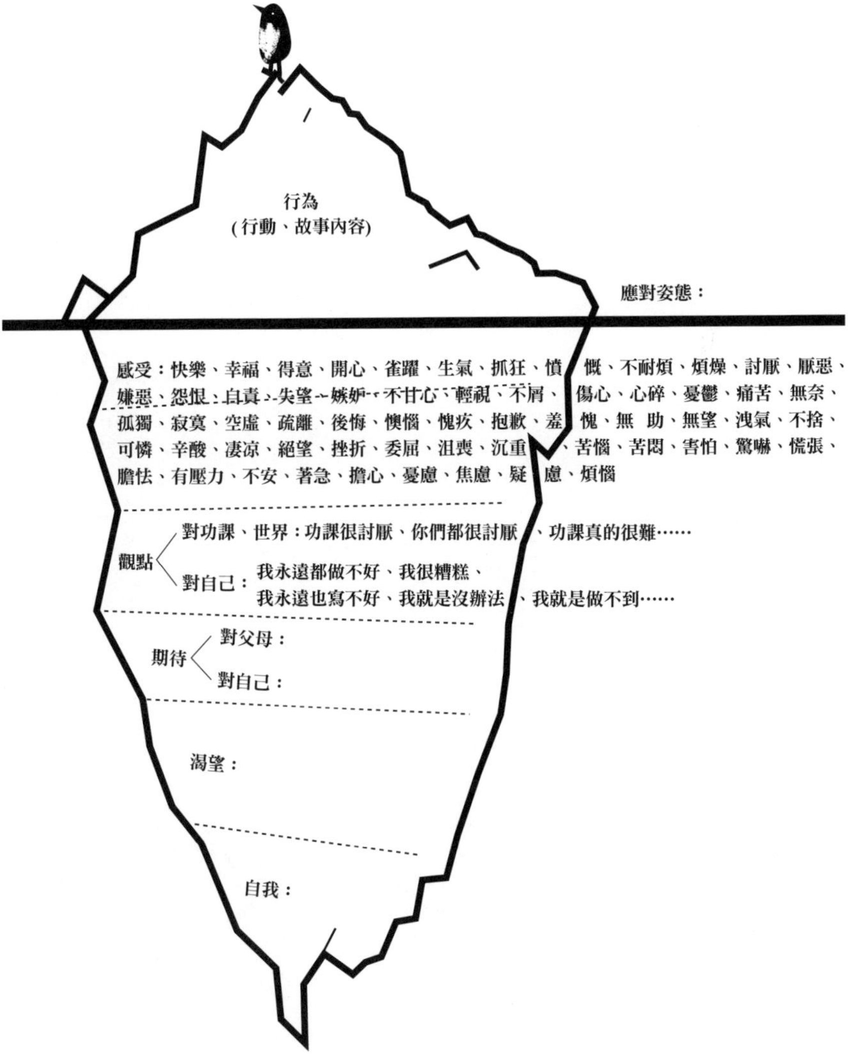

行為
(行動、故事內容)
應對姿態：
感受：快樂、幸福、得意、開心、雀躍、生氣、抓狂、憤慨、不耐煩、煩燥、討厭、厭惡、嫌惡、怨恨、自責、失望、嫉妒、不甘心、輕視、不屑、傷心、心碎、憂鬱、痛苦、無奈、孤獨、寂寞、空虛、疏離、後悔、懊惱、愧疚、抱歉、羞愧、無 助、無望、洩氣、不捨、可憐、辛酸、淒涼、絕望、挫折、委屈、沮喪、沉重、苦惱、苦悶、害怕、驚嚇、慌張、膽怯、有壓力、不安、著急、擔心、憂慮、焦慮、疑慮、煩惱
觀點
對功課、世界：功課很討厭、你們都很討厭、功課真的很難……
對自己：我永遠都做不好、我很糟糕、
我永遠也寫不好、我就是沒辦法、我就是做不到……
期待
對父母：
對自己：
渴望：
自我：

我是：

薩提爾的對話練習：以好奇的姿態，理解你的內在冰山，探索自己，連結他人 / 李崇建著；-- 第一版 . -- 台北市：親子天下，2017.11
288 面；　14.8×21 公分
ISBN 978-986-95630-6-2(平裝)

1. 親職教育 2. 親子關係 3. 親子溝通

528.2　　　　106020637

學習與教育 BKEE0185P

薩提爾的對話練習

以好奇的姿態，理解你的內在冰山，探索自己，連結他人

作者／李崇建
責任編輯／盧宜穗
封面設計／三人制創
內頁設計／連紫吟．曹任華
行銷企劃／張桂綿

發行人／殷允芃
創辦人兼執行長／何琦瑜
副總經理／游玉雪
副總監／李佩芬
主編／盧宜穗
資深編輯／游筱玲
版權專員／何晨瑋

出版者／親子天下股份有限公司
地址／台北市 104 建國北路一段 96 號 11 樓
電話／（02）2509-2800　傳真／（02）2509-2462
網址／ www.parenting.com.tw
讀者服務專線／（02）2662-0332　週一～週五：09:00~17:30
讀者服務傳真／（02）2662-6048
客服信箱｜ bill@service.cw.com.tw

法律顧問／瀛睿兩岸暨創新顧問公司
總經銷／大和圖書有限公司 電話：（02）8990-2588
出版日期／ 2017 年 11 月第一版第一次印行
　　　　　 2018 年 7 月第一版第八次印行
定　價／ 400 元
書　號／ BKEE0185P
ISBN ／ 978-986-95630-6-2（平裝）

親子天下 Education・Parenting Family Lifestyle
www.parenting.com.tw